Gonglu Gongcheng Jiben Jianshe Xiangmu Gaisuan Yusuan Bianzhi Banfa ji Gesheng Buchong Guiding Huibian

公路工程基本建设项目概算预算编制办法及各省补充规定汇编

交通公路工程定额站 编

人民交通出版社

内 容 提 要

本书汇编了《公路工程基本建设项目概算预算编制办法》(JTG B06—2007)及各省公路工程基本建设项目概算预算编制办法补充规定，适用于新建和改建的公路工程基本建设项目。

本书内容全面、实用，可供从事公路造价与管理工作的人员使用，也可供大专院校工程造价管理专业师生和造价工程师学习参考。

图书在版编目（CIP）数据

公路工程基本建设项目概算预算编制办法及各省补充规定汇编／交通公路工程定额站编. —北京：人民交通出版社，2010. 8

ISBN 978-7-114-08653-3

Ⅰ. ①公… Ⅱ. ①交… Ⅲ. ①道路工程－基本建设项目－概算编制②道路工程－基本建设项目－预算编制 Ⅳ. ①U415. 13

中国版本图书馆 CIP 数据核字（2010）第 173101 号

书　　名：公路工程基本建设项目概算预算编制办法及各省补充规定汇编
著 作 者：交通公路工程定额站
责任编辑：李　萍　丁　遥
出版发行：人民交通出版社
地　　址：（100011）北京市朝阳区安定门外外馆斜街 3 号
网　　址：http://www.ccpress.com.cn
销售电话：（010）59757969，59757973
总 经 销：人民交通出版社发行部
经　　销：各地新华书店
印　　刷：北京市密东印刷有限公司
开　　本：787×1092　1/16
印　　张：11.75
字　　数：280 千
版　　次：2010 年 9 月　第 1 版
印　　次：2011 年 5 月　第 2 次印刷
书　　号：ISBN 978-7-114-08653-3
定　　价：42.00 元

目　录

《公路工程基本建设项目概算预算编制办法》(JTG B06—2007)

第一章 总 则

1.为构建节约型公路行业,适应公路交通建设发展的需要,合理确定和有效控制工程造价,提高公路建设项目工程造价的编制质量,规范工程造价文件的编制,根据建设部、财政部发布的《建筑安装工程费用项目组成》(建标〔2003〕206号)的规定,结合公路行业的特点,制定《公路工程基本建设项目概算预算编制办法》(以下简称本办法)。

2.本办法适用于新建和改建的公路工程基本建设项目概算、预算的编制和管理。农村公路可参照本办法执行,具体计算方法和计费标准由各省、自治区、直辖市交通主管部门制定。

3.概算或修正概算是初步设计文件或技术设计文件的重要组成部分。概算应控制在批准的建设项目可行性研究报告投资估算允许浮动幅度范围内。概算经批准后是基本建设项目投资最高限额,是编制建设项目投资计划、确定和控制建设项目投资的依据,是控制施工图设计和施工图预算的依据,是衡量设计方案经济合理性和选择最佳设计方案的依据,是考核建设项目投资效果的依据。设计单位应按不同的设计阶段编制概算和修正概算。编制概算或修正概算,应全面了解工程所在地的建设条件,掌握各项基础资料,正确引用规定的定额、取费标准、工资单价和材料设备价格,按本办法的规定进行编制,使概算能完整、准确地反映设计内容。

以批准的初步设计进行设计施工总承包招标的工程,其标底或造价控制值应在批准的总概算范围内。

4.预算是施工图设计文件的重要组成部分,是设计阶段控制工程造价的主要指标。预算经审定后,是确定工程造价、编制或调整固定资产投资计划和考核工程成本的依据。预算应根据施工图设计的工程量和施工方法,按照规定的定额、取费标准、工资单价、材料设备预算价格依本办法在开工前编制并报请批准。

以施工图设计进行施工招标的工程,经审定后的施工图预算是编制标段清单预算、工程标底或造价控制值的依据,也是分析、考核施工企业投标报价合理性的参考;对不宜实行招标而采用施工图预算加调整价结算的工程,经审定后的施工图预算可作为确定合同价款的基础或作为审查施工企业提出的施工预算的依据。

施工图预算是考核施工图设计经济合理性的依据。施工图设计应控制在批准的初步设计及其概算范围之内。如单位工程预算突破相应概算时,应分析原因,对施工图设计中不合理部分进行修改,对其合理部分应在总概算投资范围内调整解决。

5.概算、预算均由有资格的设计、工程(造价)咨询单位负责编制,编制、审核人员必须持有公路工程造价人员执业资格证书，并对工程造价文件的编制质量负责。

当一个建设项目由两个以上设计（咨询）单位共同承担设计时，各设计（咨询）单位应负责编制所承担设计的单项或单位工程概（预）算，主体设计（咨询）单位应负责编制原则和依据、工程设备与材料价格、取费标准等的协调与统一，汇编总概（预）算，并对全部概（预）算的编制质量负责。

6. 公路管理、养护及服务房屋应执行工程所在地的地区统一定额及相应的其他工程费和间接费定额，但其他费用应按本办法中的项目划分及计算方法编制。

7. 概算和预算编制必须严格执行国家的方针、政策和有关制度，符合公路设计、施工技术规范。文件应达到的质量要求是：符合规定、结合实际、经济合理、提交及时、不重不漏、计算正确、字迹（打印）清晰、装订整齐完善。

8. 设计（咨询）单位应加强基本建设经济管理工作，配备和充实公路工程造价人员，切实做好概、预算的编制工作。公路工程造价人员应不断提高专业素质，掌握设计、施工情况，做好设计方案的经济比较，使技术工作和经济工作结合起来，全面、有效地提高设计质量，合理确定工程造价。

9. 各省、自治区、直辖市交通主管部门，可在本办法的基础上结合当地实际情况制定补充规定，并报交通部备案。

第二章　概、预算编制方法

公路工程基本建设项目概算、预算应分别以《公路工程概算定额》（JTG/T B06-1—2007）、《公路工程预算定额》（JTG/T B06-2—2007）为依据。编制概、预算时应根据概、预算定额规定的各工程项目的人工、材料、机械台班消耗量和按本办法第三章规定的概、预算编制时根据工程所在地的人工费工日单价、材料预算单价和机械台班单价计算出各工程项目的工、料、机费用，并按本办法的规定计算各项费用。概、预算的材料、机械台班单价及各项费用的计算都应通过规定的表格反映。

各种表格的计算顺序和相互关系见图 2-1。

第一节　概、预算编制依据

一、概算（或修正概算）编制依据

1. 国家发布的有关法律、法规、规章、规程等。

2. 现行的《公路工程概算定额》（JTG/T B06-01）、《公路工程预算定额》（JTG/T B06-02）、《公路工程机械台班费用定额》（JTG/T B06-03）及本办法。

3. 工程所在地省级交通主管部门发布的补充计价依据。

4. 批准的可行性研究报告（修正概算时为初步设计文件）等有关资料。

5. 初步设计（或技术设计）图纸等设计文件。

6. 工程所在地的人工、材料、机械及设备预算价格等。

7. 工程所在地的自然、技术、经济条件等资料。

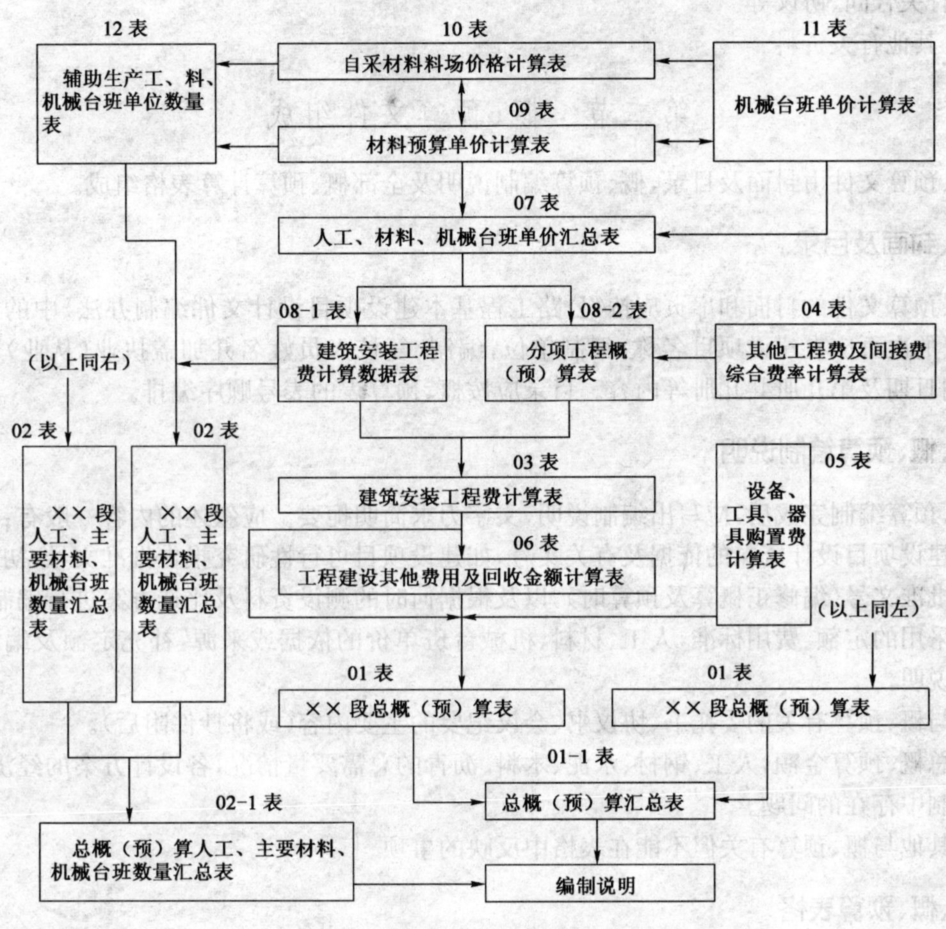

图 2-1　各种表格的计算顺序和相互关系

8. 工程施工方案。

9. 有关合同、协议等。

10. 其他有关资料。

二、预算编制依据

1. 国家发布的有关法律、法规、规章、规程等。

2. 现行的《公路工程预算定额》(JTG/T B06-02)、《公路工程机械台班费用定额》(JTG/T B06-03)及本办法。

3. 工程所在地省级交通主管部门发布的补充计价依据。

4. 批准的初步设计文件(或技术设计文件,若有)等有关资料。

5. 施工图纸等设计文件。

6. 工程所在地的人工、材料、机械及设备预算价格等。

7. 工程所在地的自然、技术、经济条件等资料。

8. 工程施工组织设计或施工方案。

9. 有关合同、协议等。

10. 其他有关资料。

第二节　概、预算文件组成

概、预算文件由封面及目录，概、预算编制说明及全部概、预算计算表格组成。

一、封面及目录

概、预算文件的封面和扉页应按《公路工程基本建设项目设计文件编制办法》中的规定制作，扉页的次页应有建设项目名称，编制单位，编制、复核人员姓名并加盖执业（从业）资格印章，编制日期及第几册共几册等内容。目录应按概、预算表的表号顺序编排。

二、概、预算编制说明

概、预算编制完成后，应写出编制说明，文字力求简明扼要。应叙述的内容一般有：

1. 建设项目设计资料的依据及有关文号，如建设项目可行性研究报告批准文号、初步设计和概算批准文号（编修正概算及预算时），以及根据何时的测设资料及比选方案进行编制的等。

2. 采用的定额、费用标准，人工、材料、机械台班单价的依据或来源，补充定额及编制依据的详细说明。

3. 与概、预算有关的委托书、协议书、会议纪要的主要内容（或将抄件附后）。

4. 总概、预算金额，人工、钢材、水泥、木料、沥青的总需要量情况，各设计方案的经济比较，以及编制中存在的问题。

5. 其他与概、预算有关但不能在表格中反映的事项。

三、概、预算表格

公路工程概、预算应按统一的概、预算表格计算（表格样式见附录五），其中概、预算相同的表式，在印制表格时，应将概算表与预算表分别印制。

四、甲组文件与乙组文件

概、预算文件是设计文件的组成部分，按不同的需要分为两组，甲组文件为各项费用计算表，乙组文件为建筑安装工程费各项基础数据计算表（只供审批使用）。甲、乙组文件应按《公路工程基本建设项目设计文件编制办法》关于设计文件报送份数的要求，随设计文件一并报送。报送乙组文件时，还应提供“建筑安装工程费各项基础数据计算表”的电子文档和编制补充定额的详细资料，并随同概、预算文件一并报送。

乙组文件中的“建筑安装工程费计算数据表”（08-1 表）和“分项工程概（预）算表”（08-2 表）应根据审批部门或建设项目业主单位的要求全部提供或仅提供其中的一种。

概、预算应按一个建设项目[如一条路线或一座独立大（中）桥、隧道]进行编制。当一个建设项目需要分段或分部编制时，应根据需要分别编制，但必须汇总编制“总概（预）算汇总表”。

甲、乙组文件包括的内容见图 2-2。

甲组文件
- 编制说明
- 总概(预)算汇总表(01-1 表)
- 总概(预)算人工、主要材料、机械台班数量汇总表(02-1 表)
- 总概(预)算表(01 表)
- 人工、主要材料、机械台班数量汇总表(02 表)
- 建筑安装工程费计算表(03 表)
- 其他工程费及间接费综合费率计算表(04 表)
- 设备、工具、器具购置费计算表(05 表)
- 工程建设其他费用及回收金额计算表(06 表)
- 人工、材料、机械台班单价汇总表(07 表)

乙组文件
- 建筑安装工程费计算数据表(08-1 表)
- 分项工程概(预)算表(08-2 表)
- 材料预算单价计算表(09 表)
- 自采材料料场价格计算表(10 表)
- 机械台班单价计算表(11 表)
- 辅助生产工、料、机械台班单位数量表(12 表)

图 2-2 甲、乙组文件包括的内容

第三节 概、预算项目

概、预算项目应按项目表的序列及内容编制,如实际出现的工程和费用项目与项目表的内容不完全相符时,一、二、三部分和“项”的序号应保留不变,“目”、“节”、“细目”可随需要增减,并按项目表的顺序以实际出现的“目”、“节”、“细目”依次排列,不保留缺少的“目”、“节”、“细目”的序号。如第二部分,设备及工具、器具购置费在该项工程中不发生时,第三部分工程建设其他费用仍为第三部分。同样,路线工程第一部分第六项为隧道工程,第七项为公路设施及预埋管线工程,若路线中无隧道工程项目,但其序号仍保留,公路设施及预埋管线工程仍为第七项。但如“目”、“节”或“细目”发生这样的情况时,可依次递补改变序号。路线建设项目中的互通式立体交叉、辅道、支线,如工程规模较大时,也可按概、预算项目表单独编制建筑安装工程,然后将其概、预算建筑安装工程总金额列入路线的总概、预算表中相应的项目内。

概、预算项目主要包括以下内容:

第一部分　建筑安装工程费

第一项　临时工程

第二项　路基工程

第三项　路面工程

第四项　桥梁涵洞工程

第五项　交叉工程

第六项　隧道工程

第七项　公路设施及预埋管线工程

第八项　绿化及环境保护工程

第九项　管理、养护及服务房屋

第二部分　设备及工具、器具购置费

第三部分　工程建设其他费用

项目表的详细内容见附录四。

第四节　概、预算费用组成

概、预算费用的组成见图 2-3。

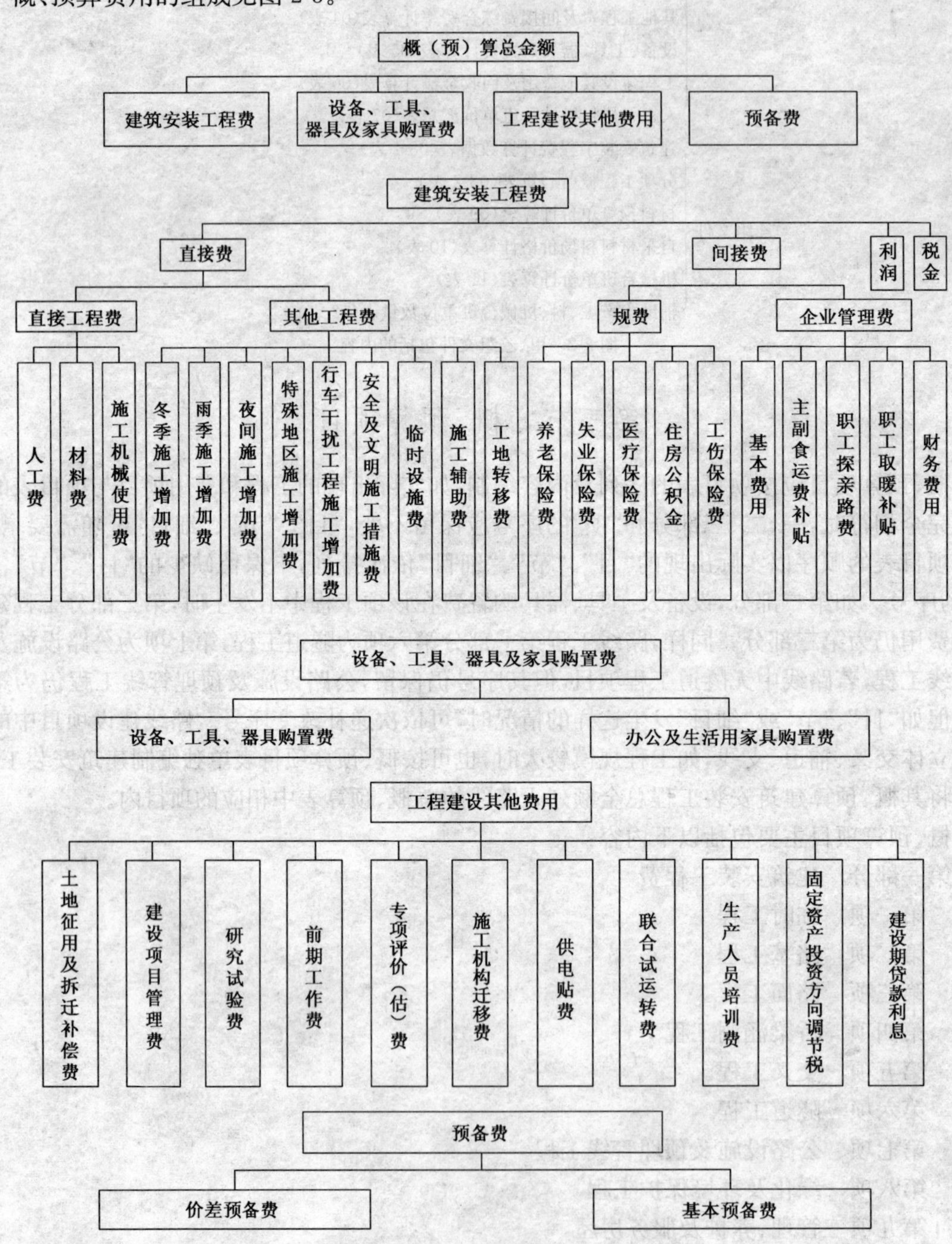

图 2-3　概、预算费用的组成

第三章　概、预算费用标准和计算方法

第一节　建筑安装工程费

建筑安装工程费包括直接费、间接费、利润及税金。

其他工程费及间接费取费标准的工程类别划分如下：

1.人工土方。系指人工施工的路基、改河等土方工程，以及人工施工的砍树、挖根、除草、平整场地、挖盖山土等工程项目，并适用于无路面的便道工程。

2.机械土方。系指机械施工的路基、改河等土方工程，以及机械施工的砍树、挖根、除草等工程项目。

3.汽车运输。系指汽车、拖拉机、机动翻斗车等运送的路基、改河土(石)方、路面基层和面层混合料、水泥混凝土及预制构件、绿化苗木等。

4.人工石方。系指人工施工的路基、改河等石方工程，以及人工施工的挖盖山石项目。

5.机械石方。系指机械施工的路基、改河等石方工程(机械打眼即属机械施工)。

6.高级路面。系指沥青混凝土路面、厂拌沥青碎石路面和水泥混凝土路面的面层。

7.其他路面。系指除高级路面以外的其他路面面层，各等级路面的基层、底基层、垫层、透层、黏层、封层，采用结合料稳定的路基和软土等特殊路基处理等工程，以及有路面的便道工程。

8.构造物I。系指无夜间施工的桥梁、涵洞、防护(包括绿化)及其他工程，交通工程及沿线设施工程[设备安装及金属标志牌、防撞钢护栏、防眩板(网)、隔离栅、防护网除外]，以及临时工程中的便桥、电力电信线路、轨道铺设等工程项目。

9.构造物II。系指有夜间施工的桥梁工程。

10.构造物III。系指商品混凝土(包括沥青混凝土和水泥混凝土)的浇筑和外购构件及设备的安装工程。商品混凝土和外购构件及设备的费用不作为其他工程费和间接费的计算基数。

11.技术复杂大桥。系指单孔跨径在120m以上(含120m)和基础水深在10m以上(含10m)的大桥主桥部分的基础、下部和上部工程。

12.隧道。系指隧道工程的洞门及洞内土建工程。

13.钢材及钢结构。系指钢桥及钢索吊桥的上部构造，钢沉井、钢围堰、钢套箱及钢护筒等基础工程，钢索塔，钢锚箱，钢筋及预应力钢材，模数式及橡胶板式伸缩缝，钢盆式橡胶支座，四氟板式橡胶支座，金属标志牌、防撞钢护栏、防眩板(网)、隔离栅、防护网等工程项目。

购买路基填料的费用不作为其他工程费和间接费的计算基数。

一、直接费

直接费由直接工程费和其他工程费组成。

(一)直接工程费

直接工程费是指施工过程中耗费的构成工程实体和有助于工程形成的各项费用,包括人工费、材料费、施工机械使用费。

1.人工费

人工费系指列入概、预算定额的直接从事建筑安装工程施工的生产工人开支的各项费用,内容包括:

(1)基本工资。系指发放给生产工人的基本工资、流动施工津贴和生产工人劳动保护费,以及为职工缴纳的养老、失业、医疗保险费和住房公积金等。

生产工人劳动保护费系指按国家有关部门规定标准发放的劳动保护用品的购置费及修理费、徒工服装补贴、防暑降温费、在有碍身体健康环境中施工的保健费用等。

(2)工资性补贴。系指按规定标准发放的物价补贴,煤、燃气补贴,交通费补贴,地区津贴等。

(3)生产工人辅助工资。系指生产工人年有效施工天数以外非作业天数的工资,包括开会和执行必要的社会义务时间的工资,职工学习、培训期间的工资,调动工作、探亲、休假期间的工资,因气候影响停工期间的工资,女工哺乳期间的工资,病假在六个月以内的工资及产、婚、丧假期的工资。

(4)职工福利费。系指按国家规定标准计提的职工福利费。

人工费以概、预算定额人工工日数乘以每工日人工费计算。

公路工程生产工人每工日人工费按如下公式计算:

人工费(元/工日)=[基本工资(元/月)+地区生活补贴(元/月)+
工资性津贴(元/月)]×(1+14%)×12月÷
240(工日) (3-1)

式中:基本工资——按不低于工程所在地政府主管部门发布的最低工资标准的1.2倍计算;

地区生活补贴——指国家规定的边远地区生活补贴、特区补贴;

工资性津贴——指物价补贴,煤、燃气补贴,交通费补贴等。

以上各项标准由各省、自治区、直辖市公路(交通)工程造价(定额)管理站根据当地人民政府的有关规定核定后公布执行,并抄送交通部公路司备案。并应根据最低工资标准的变化情况及时调整公路工程生产工人工资标准。

人工费单价仅作为编制概、预算的依据,不作为施工企业实发工资的依据。

2.材料费

材料费系指施工过程中耗用的构成工程实体的原材料、辅助材料、构(配)件、零件、半成品、成品的用量和周转材料的摊销量,按工程所在地的材料预算价格计算的费用。

材料预算价格由材料原价、运杂费、场外运输损耗、采购及仓库保管费组成。

材料预算价格=(材料原价+运杂费)×(1+场外运输损耗率)×
(1+采购及保管费率)-包装品回收价值 (3-2)

(1)材料原价

各种材料原价按以下规定计算。

外购材料:国家或地方的工业产品,按工业产品出厂价格或供销部门的供应价格计算,并根据情况加计供销部门手续费和包装费。如供应情况、交货条件不明确时，可采用当地规定的价格计算。

地方性材料：地方性材料包括外购的砂、石材料等，按实际调查价格或当地主管部门规定的预算价格计算。

自采材料：自采的砂、石、黏土等材料，按定额中开采单价加辅助生产间接费和矿产资源税(如有)计算。

材料原价应按实计取。各省、自治区、直辖市公路(交通)工程造价(定额)管理站应通过调查，编制本地区的材料价格信息，供编制概、预算使用。

(2)运杂费

运杂费系指材料自供应地点至工地仓库(施工地点存放材料的地方)的运杂费用，包括装卸费、运费，如果发生，还应计囤存费及其他杂费(如过磅、标签、支撑加固、路桥通行等费用)。

通过铁路、水路和公路运输部门运输的材料，按铁路、航运和当地交通部门规定的运价计算运费。

施工单位自办的运输，单程运距15km以上的长途汽车运输按当地交通部门规定的统一运价计算运费；单程运距5～15km的汽车运输按当地交通部门规定的统一运价计算运费，当工程所在地交通不便、社会运输力量缺乏时，如边远地区和某些山岭区，允许按当地交通部门规定的统一运价加50%计算运费；单程运距5km及以内的汽车运输以及人力场外运输，按预算定额计算运费，其中人力装卸和运输另按人工费加计辅助生产间接费。

一种材料如有两个以上的供应点时，都应根据不同的运距、运量、运价采用加权平均的方法计算运费。

由于预算定额中汽车运输台班已考虑工地便道特点，以及定额中已计入了“工地小搬运”项目，因此平均运距中汽车运输便道里程不得乘调整系数，也不得在工地仓库或堆料场之外再加场内运距或二次倒运的运距。

有容器或包装的材料及长大轻浮材料，应按表3-1规定的毛重计算。桶装沥青、汽油、柴油按每吨摊销一个旧汽油桶计算包装费(不计回收)。

表3-1 材料毛重系数及单位毛重表

材料名称	单位	毛重系数	单位毛重
爆破材料	t	1.35	—
水泥、块状沥青	t	1.01	—
铁钉、铁件、焊条	t	1.10	—
液体沥青、液体燃料、水	t	桶装1.17，油罐车装1.00	—
木料	m^3	—	1.000t
草袋	个	—	0.004t

(3)场外运输损耗

场外运输损耗系指有些材料在正常的运输过程中发生的损耗，这部分损耗应摊入材料单价内。材料场外运输操作损耗率见表3-2。

表3-2 材料场外运输操作损耗率表(%)

材料名称		场外运输(包括一次装卸)	每增加一次装卸
块状沥青		0.5	0.2
石屑、碎砾石、砂砾、煤渣、工业废渣、煤		1.0	0.4
砖、瓦、桶装沥青、石灰、黏土		3.0	1.0
草皮		7.0	3.0
水泥(袋装、散装)		1.0	0.4
砂	一般地区	2.5	1.0
	多风地区	5.0	2.0

注:汽车运水泥,运距超过500km时,增加损耗率:袋装0.5%。

(4)采购及保管费

材料采购及保管费系指材料供应部门(包括工地仓库以及各级材料管理部门)在组织采购、供应和保管材料过程中,所需的各项费用及工地仓库的材料储存损耗。

材料采购及保管费,以材料的原价加运杂费及场外运输损耗的合计数为基数,乘以采购保管费率计算。材料的采购及保管费费率为2.5%。

外购的构件、成品及半成品的预算价格,其计算方法与材料相同,但构件(如外购的钢桁梁、钢筋混凝土构件及加工钢材等半成品)的采购保管费率为1%。

商品混凝土预算价格的计算方法与材料相同,但其采购保管费率为0。

3.施工机械使用费

施工机械使用费系指列入概、预算定额的施工机械台班数量,按相应的机械台班费用定额计算的施工机械使用费和小型机具使用费。

施工机械台班预算价格应按交通部公布的现行《公路工程机械台班费用定额》(JTG/T B06-03)计算,台班单价由不变费用和可变费用组成。不变费用包括折旧费、大修理费、经常修理费、安装拆卸及辅助设施费等;可变费用包括机上人员人工费、动力燃料费、养路费及车船使用税。可变费用中的人工工日数及动力燃料消耗量,应以机械台班费用定额中的数值为准。台班人工费工日单价同生产工人人工费单价。动力燃料费用则按材料费的计算规定计算。

当工程用电为自行发电时,电动机械每千瓦时(度)电的单价可由下述近似公式计算:

$$A = 0.24\frac{K}{N} \tag{3-3}$$

式中:A——每千瓦时电单价(元);

K——发电机组的台班单价(元);

N——发电机组的总功率(kW)。

(二)其他工程费

其他工程费系指直接工程费以外施工过程中发生的直接用于工程的费用。内容包括冬季施工增加费、雨季施工增加费、夜间施工增加费、特殊地区施工增加费、行车干扰工程施工增加费、安全及文明施工措施费、临时设施费、施工辅助费、工地转移费等九项。公路工程中的水、电费及因场地狭小等特殊情况而发生的材料二次搬运等其他工程费已包括在概、预算定额中，不再另计。

1.冬季施工增加费

冬季施工增加费系指按照公路工程施工及验收规范所规定的冬季施工要求，为保证工程质量和安全生产所需采取的防寒保温设施、工效降低和机械作业率降低以及技术操作过程的改变等所增加的有关费用。

冬季施工增加费的内容包括：

(1)因冬季施工所需增加的一切人工、机械与材料的支出。

(2)施工机具所需修建的暖棚(包括拆、移)，增加油脂及其他保温设备费用。

(3)因施工组织设计确定，需增加的一切保温、加温及照明等有关支出。

(4)与冬季施工有关的其他各项费用，如清除工作地点的冰雪等费用。

冬季气温区的划分是根据气象部门提供的满15年以上的气温资料确定的。每年秋冬第一次连续5天出现室外日平均温度在5℃以下、日最低温度在－3℃以下的第一天算起，至第二年春夏最后一次连续5天出现同样温度的最末一天为冬季期。冬季期内平均气温在－1℃以上者为冬一区，－1～－4℃者为冬二区，－4～－7℃者为冬三区，－7～－10℃者为冬四区，－10～－14℃者为冬五区，－14℃以下者为冬六区。冬一区内平均气温低于0℃的连续天数在70天以内的为Ⅰ副区，70天以上的为Ⅱ副区；冬二区内平均气温低于0℃的连续天数在100天以内的为Ⅰ副区，100天以上的为Ⅱ副区。

气温高于冬一区，但砖石、混凝土工程施工须采取一定措施的地区为准冬季区。准冬季区分两个副区，简称准一区和准二区。凡一年内日最低气温在0℃以下的天数多于20天，日平均气温在0℃以下的天数少于15天的为准一区，多于15天的为准二区。

全国冬季施工气温区划分见附录七。若当地气温资料与附录七中划定的冬季气温区划分有较大出入时，可按当地气温资料及上述划分标准确定工程所在地的冬季气温区。

冬季施工增加费的计算方法，是根据各类工程的特点，规定各气温区的取费标准。为了简化计算手续，采用全年平均摊销的方法，即不论是否在冬季施工，均按规定的取费标准计取冬季施工增加费。一条路线穿过两个以上的气温区时，可分段计算或按各区的工程量比例求得全线的平均增加率，计算冬季施工增加费。

冬季施工增加费以各类工程的直接工程费之和为基数，按工程所在地的气温区选用表3-3的费率计算。

2.雨季施工增加费

雨季施工增加费系指雨季期间施工为保证工程质量和安全生产所需采取的防雨、排水、防潮和防护措施，工效降低和机械作业率降低以及技术作业过程的改变等，所需增加的有关费用。

雨季施工增加费的内容包括：

(1)因雨季施工所需增加的工、料、机费用的支出，包括工作效率的降低及易被雨水冲毁的工程所增加的工作内容等(如基坑坍塌和排水沟等堵塞的清理、路基边坡冲沟的填补等)。

(2)路基土方工程的开挖和运输，因雨季施工(非土壤中水影响)而引起的黏附工具，降低工效所增加的费用。

表 3-3　冬季施工增加费费率表(%)

工程类别＼气温区	冬季期平均气温(℃)								准一区	准二区
	−1 以上		−1～−4		−4～−7	−7～−10	−10～−14	−14 以下		
	冬一区		冬二区		冬三区	冬四区	冬五区	冬六区		
	I	II	I	II						
人工土方	0.28	0.44	0.59	0.76	1.44	2.05	3.07	4.61	—	—
机械土方	0.43	0.67	0.93	1.17	2.21	3.14	4.71	7.07	—	—
汽车运输	0.08	0.12	0.17	0.21	0.40	0.56	0.84	1.27	—	—
人工石方	0.06	0.10	0.13	0.15	0.30	0.44	0.65	0.98	—	—
机械石方	0.08	0.13	0.18	0.21	0.42	0.61	0.91	1.37	—	—
高级路面	0.37	0.52	0.72	0.81	1.48	2.00	3.00	4.50	0.06	0.16
其他路面	0.11	0.20	0.29	0.37	0.62	0.80	1.20	1.80	—	—
构造物 I	0.34	0.49	0.66	0.75	1.36	1.84	2.76	4.14	0.06	0.15
构造物 II	0.42	0.60	0.81	0.92	1.67	2.27	3.40	5.10	0.08	0.19
构造物 III	0.83	1.18	1.60	1.81	3.29	4.46	6.69	10.03	0.15	0.37
技术复杂大桥	0.48	0.68	0.93	1.05	1.91	2.58	3.87	5.81	0.08	0.21
隧道	0.10	0.19	0.27	0.35	0.58	0.75	1.12	1.69	—	—
钢材及钢结构	0.02	0.05	0.07	0.09	0.15	0.19	0.29	0.43	—	—

(3)因防止雨水必须采取的防护措施的费用,如挖临时排水沟,防止基坑坍塌所需的支撑、挡板等费用。

(4)材料因受潮、受湿的耗损费用。

(5)增加防雨、防潮设备的费用。

(6)其他有关雨季施工所需增加的费用,如因河水高涨致使工作困难而增加的费用等。

雨量区和雨季期的划分,是根据气象部门提供的满 15 年以上的降雨资料确定的。凡月平均降雨天数在 10 天以上,月平均日降雨量在 3.5～5mm 之间者为 I 区,月平均日降雨量在 5mm 以上者为 II 区。全国雨季施工雨量区及雨季期的划分见附录八。若当地气象资料与附录八所划定的雨量区及雨季期出入较大时,可按当地气象资料及上述划分标准确定工程所在地的雨量区及雨季期。

雨季施工增加费的计算方法,是将全国划分为若干雨量区和雨季期,并根据各类工程的特点规定各雨量区和雨季期的取费标准,采用全年平均摊销的方法,即不论是否在雨季施工,均按规定的取费标准计取雨季施工增加费。

一条路线通过不同的雨量区和雨季期时,应分别计算雨季施工增加费或按工程量比例求得平均的增加率,计算全线雨季施工增加费。

雨季施工增加费以各类工程的直接工程费之和为基数,按工程所在地的雨量区、雨季期选用表 3-4 的费率计算。

表 3-4　雨季施工增加费费率表(%)

雨季期(月数)	1	1.5	2		2.5		3		3.5		4		4.5		5		6		7	8
工程类别 \ 雨量区	I	I	I	II	I	II	I	II	I	II	I	II	I	II	I	II	I	II	II	II
人工土方	0.04	0.05	0.07	0.11	0.09	0.13	0.11	0.15	0.13	0.17	0.15	0.20	0.17	0.23	0.19	0.26	0.21	0.31	0.36	0.42
机械土方	0.04	0.05	0.07	0.11	0.09	0.13	0.11	0.15	0.13	0.17	0.15	0.20	0.17	0.23	0.19	0.27	0.22	0.32	0.37	0.43
汽车运输	0.04	0.05	0.07	0.11	0.09	0.13	0.11	0.16	0.13	0.19	0.15	0.22	0.17	0.25	0.19	0.27	0.22	0.32	0.37	0.43
人工石方	0.02	0.03	0.05	0.07	0.06	0.09	0.07	0.11	0.08	0.13	0.09	0.15	0.10	0.17	0.12	0.19	0.15	0.23	0.27	0.32
机械石方	0.03	0.04	0.06	0.10	0.08	0.12	0.10	0.14	0.12	0.16	0.14	0.19	0.16	0.22	0.18	0.25	0.20	0.29	0.34	0.39
高级路面	0.03	0.04	0.06	0.10	0.08	0.13	0.10	0.15	0.12	0.17	0.14	0.19	0.16	0.22	0.18	0.25	0.20	0.29	0.34	0.39
其他路面	0.03	0.04	0.06	0.09	0.08	0.12	0.09	0.14	0.10	0.16	0.12	0.18	0.14	0.21	0.16	0.24	0.19	0.28	0.32	0.37
构造物 I	0.03	0.04	0.05	0.08	0.06	0.09	0.07	0.11	0.08	0.13	0.10	0.15	0.12	0.17	0.14	0.19	0.16	0.23	0.27	0.31
构造物 II	0.03	0.04	0.05	0.08	0.07	0.10	0.08	0.12	0.09	0.14	0.11	0.16	0.13	0.18	0.15	0.21	0.17	0.25	0.30	0.34
构造物 III	0.06	0.08	0.11	0.17	0.14	0.21	0.17	0.25	0.20	0.30	0.23	0.35	0.27	0.40	0.31	0.45	0.35	0.52	0.60	0.69
技术复杂大桥	0.03	0.05	0.07	0.10	0.08	0.12	0.10	0.14	0.12	0.16	0.14	0.19	0.16	0.22	0.18	0.25	0.20	0.29	0.34	0.39
隧道	—	—	—	—	—	—	—	—	—	—	—	—	—	—	—	—	—	—	—	—
钢材及钢结构	—	—	—	—	—	—	—	—	—	—	—	—	—	—	—	—	—	—	—	—

室内管道及设备安装工程不计雨季施工增加费。

3.夜间施工增加费

夜间施工增加费系指根据设计、施工的技术要求和合理的施工进度要求,必须在夜间连续施工而发生的工效降低、夜班津贴以及有关照明设施(包括所需照明设施的安拆、摊销、维修及油燃料、电)等增加的费用。

夜间施工增加费按夜间施工工程项目(如桥梁工程项目包括上、下部构造全部工程)的直接工程费之和为基数,按表 3-5 的费率计算。

表 3-5　夜间施工增加费费率表(%)

工 程 类 别	费　率	工 程 类 别	费　率
构造物 II	0.35	技术复杂大桥	0.35
构造物 III	0.70	钢材及钢结构	0.35

注:设备安装工程及金属标志牌、防撞钢护栏、防眩板(网)、隔离栅、防护网等不计夜间施工增加费。

4.特殊地区施工增加费

特殊地区施工增加费包括高原地区施工增加费、风沙地区施工增加费和沿海地区施工增加费三项。

(1)高原地区施工增加费

高原地区施工增加费系指在海拔高度 1500m 以上地区施工,由于受气候、气压的影响,致使人工、机械效率降低而增加的费用。该费用以各类工程人工费和机械使用费之和为基数,按表 3-6 的费率计算。

表 3-6 高原地区施工增加费费率表(%)

工程类别	海拔高度(m)							
	1 501~2 000	2 001~2 500	2 501~3 000	3 001~3 500	3 501~4 000	4 001~4 500	4 501~5 000	5 000 以上
人工土方	7.00	13.25	19.75	29.75	43.25	60.00	80.00	110.00
机械土方	6.56	12.60	18.66	25.60	36.05	49.08	64.72	83.80
汽车运输	6.50	12.50	18.50	25.00	35.00	47.50	62.50	80.00
人工石方	7.00	13.25	19.75	29.75	43.25	60.00	80.00	110.00
机械石方	6.71	12.82	19.03	27.01	38.50	52.80	69.92	92.72
高级路面	6.58	12.61	18.69	25.72	36.26	49.41	65.17	84.58
其他路面	6.73	12.84	19.07	27.15	38.74	53.17	70.44	93.60
构造物 I	6.87	13.06	19.44	28.56	41.18	56.86	75.61	102.47
构造物 II	6.77	12.90	19.17	27.54	39.41	54.18	71.85	96.03
构造物 III	6.73	12.85	19.08	27.19	38.81	53.27	70.57	93.84
技术复杂大桥	6.70	12.81	19.01	26.94	38.37	52.61	69.65	92.27
隧道	6.76	12.90	19.16	27.50	39.35	54.09	71.72	95.81
钢材及钢结构	6.78	12.92	19.20	27.66	39.62	54.50	72.30	96.80

一条路线通过两个以上(含两个)不同的海拔高度分区时,应分别计算高原地区施工增加费或按工程量比例求得平均的增加率,计算全线高原地区施工增加费。

(2)风沙地区施工增加费

风沙地区施工增加费系指在沙漠地区施工时,由于受风沙影响,按照施工及验收规范的要求,为保证工程质量和安全生产而增加的有关费用。内容包括防风、防沙及气候影响的措施费,材料费,人工、机械效率降低增加的费用,以及积沙、风蚀的清理修复等费用。

风沙地区的划分,根据《公路自然区划标准》、“沙漠地区公路建设成套技术研究报告”的公路自然区划和沙漠公路区划,结合风沙地区的气候状况将风沙地区分为三区九类:半干旱、半湿润沙地为风沙一区,干旱、极干旱寒冷沙漠地区为风沙二区,极干旱炎热沙漠地区为风沙三区;根据覆盖度(沙漠中植被、戈壁等覆盖程度)又将每区分为固定沙漠(覆盖度>50%)、半固定沙漠(覆盖度 10%~50%)、流动沙漠(覆盖度<10%)三类,覆盖度由工程勘察设计人员在公路工程勘察设计时确定。

全国风沙地区公路施工区划见附录九。若当地气象资料及自然特征与附录九中的风沙地区划分有较大出入时,由工程所在省、自治区、直辖市公路(交通)工程造价(定额)管理站按当地气象资料和自然特征及上述划分标准确定工程所在地的风沙区划,并抄送交通部公路司备案。

一条路线穿过两个以上(含两个)不同风沙区时,按路线长度经过不同的风沙区加权计算项目全线风沙地区施工增加费。

风沙地区施工增加费以各类工程的人工费和机械使用费之和为基数,根据工程所在地的风沙区划及类别,按表 3-7 的费率计算。

表 3-7 风沙地区施工增加费费率表(%)

工程类别＼风沙区划	风沙一区			风沙二区			风沙三区		
	沙漠类型								
	固定	半固定	流动	固定	半固定	流动	固定	半固定	流动
人工土方	6.00	11.00	18.00	7.00	17.00	26.00	11.00	24.00	37.00
机械土方	4.00	7.00	12.00	5.00	11.00	17.00	7.00	15.00	24.00
汽车运输	4.00	8.00	13.00	5.00	12.00	18.00	8.00	17.00	26.00
人工石方	—	—	—	—	—	—	—	—	—
机械石方	—	—	—	—	—	—	—	—	—
高级路面	0.50	1.00	2.00	1.00	2.00	3.00	2.00	3.00	5.00
其他路面	2.00	4.00	7.00	3.00	7.00	10.00	4.00	10.00	15.00
构造物 I	4.00	7.00	12.00	5.00	11.00	17.00	7.00	16.00	24.00
构造物 II	—	—	—	—	—	—	—	—	—
构造物 III	—	—	—	—	—	—	—	—	—
技术复杂大桥	—	—	—	—	—	—	—	—	—
隧道	—	—	—	—	—	—	—	—	—
钢材及钢结构	1.00	2.00	4.00	1.00	3.00	5.00	2.00	5.00	7.00

(3)沿海地区工程施工增加费

沿海地区工程施工增加费系指工程项目在沿海地区施工受海风、海浪和潮汐的影响，致使人工、机械效率降低等所需增加的费用。本项费用由沿海各省、自治区、直辖市交通厅(局)制定具体的适用范围(地区)，并抄送交通部公路司备案。

沿海地区工程施工增加费以各类工程的直接工程费之和为基数，按表 3-8 的费率计算。

表 3-8 沿海地区工程施工增加费费率表(%)

工 程 类 别	费 率	工 程 类 别	费 率
构造物 II	0.15	技术复杂大桥	0.15
构造物 III	0.15	钢材及钢结构	0.15

5. 行车干扰工程施工增加费

行车干扰工程施工增加费系指由于边施工边维持通车，受行车干扰的影响，致使人工、机械效率降低而增加的费用。该费用以受行车影响部分的工程项目的人工费和机械使用费之和为基数，按表 3-9 的费率计算。

6. 安全及文明施工措施费

安全及文明施工措施费系指工程施工期间为满足安全生产、文明施工、职工健康生活所发生的费用。该费用不包括施工期间为保证交通安全而设置的临时安全设施和标志、标牌的费用，需要时，应根据设计要求计算。安全及文明施工措施费以各类工程的直接工程费之和为基数，按表 3-10 的费率计算。

表 3-9　行车干扰工程施工增加费费率表(%)

工程类别	施工期间平均每昼夜双向行车次数(汽车、畜力车合计)							
	51～100	101～500	501～1 000	1 001～2 000	2 001～3 000	3 001～4 000	4 001～5 000	5 000 以上
人工土方	1.64	2.46	3.28	4.10	4.76	5.29	5.86	6.44
机械土方	1.39	2.19	3.00	3.89	4.51	5.02	5.56	6.11
汽车运输	1.36	2.09	2.85	3.75	4.35	4.84	5.36	5.89
人工石方	1.66	2.40	3.33	4.06	4.71	5.24	5.81	6.37
机械石方	1.16	1.71	2.38	3.19	3.70	4.12	4.56	5.01
高级路面	1.24	1.87	2.50	3.11	3.61	4.01	4.45	4.88
其他路面	1.17	1.77	2.36	2.94	3.41	3.79	4.20	4.62
构造物 I	0.94	1.41	1.89	2.36	2.74	3.04	3.37	3.71
构造物 II	0.95	1.43	1.90	2.37	2.75	3.06	3.39	3.72
构造物 III	0.95	1.42	1.90	2.37	2.75	3.05	3.38	3.72
技术复杂大桥	—	—	—	—	—	—	—	—
隧道	—	—	—	—	—	—	—	—
钢材及钢结构	—	—	—	—	—	—	—	—

表 3-10　安全及文明施工措施费费率表(%)

工程类别	费率	工程类别	费率
人工土方	0.59	构造物 I	0.72
机械土方	0.59	构造物 II	0.78
汽车运输	0.21	构造物 III	1.57
人工石方	0.59	技术复杂大桥	0.86
机械石方	0.59	隧道	0.73
高级路面	1.00	钢材及钢结构	0.53
其他路面	1.02		

注:设备安装工程按表中费率的 50%计算。

7.临时设施费

临时设施费系指施工企业为进行建筑安装工程施工所必需的生活和生产用的临时建筑物、构筑物和其他临时设施的费用等,但不包括概、预算定额中临时工程在内。

临时设施包括:临时生活及居住房屋(包括职工家属房屋及探亲房屋)、文化福利及公用房屋(如广播室、文体活动室等)和生产、办公房屋(如仓库、加工厂、加工棚、发电站、变电站、空压机站、停机棚等),工地范围内的各种临时的工作便道(包括汽车、畜力车、人力车道)、人行便道,工地临时用水、用电的水管支线和电线支线,临时构筑物(如水井、水塔等)以及其他小型临时设施。

临时设施费用内容包括:临时设施的搭设、维修、拆除费或摊销费。

临时设施费以各类工程的直接工程费之和为基数,按表 3-11 的费率计算。

表 3-11　临时设施费费率表(%)

工程类别	费率	工程类别	费率
人工土方	1.57	构造物 I	2.65
机械土方	1.42	构造物 II	3.14
汽车运输	0.92	构造物 III	5.81
人工石方	1.60	技术复杂大桥	2.92
机械石方	1.97	隧道	2.57
高级路面	1.92	钢材及钢结构	2.48
其他路面	1.87		

8.施工辅助费

施工辅助费包括生产工具用具使用费、检验试验费和工程定位复测、工程点交、场地清理等费用。

生产工具用具使用费系指施工所需不属于固定资产的生产工具、检验用具、试验用具及仪器、仪表等的购置、摊销和维修费,以及支付给生产工人自备工具的补贴费。

检验试验费系指施工企业对建筑材料、构件和建筑安装工程进行一般鉴定、检查所发生的费用,包括自设试验室进行试验所耗用的材料和化学药品的费用,以及技术革新和研究试验费,但不包括新结构、新材料的试验费和建设单位要求对具有出厂合格证明的材料进行检验、对构件进行破坏性试验及其他特殊要求检验的费用。

施工辅助费以各类工程的直接工程费之和为基数,按表 3-12 的费率计算。

表 3-12　施工辅助费费率表(%)

工程类别	费率	工程类别	费率
人工土方	0.89	构造物 I	1.30
机械土方	0.49	构造物 II	1.56
汽车运输	0.16	构造物 III	3.03
人工石方	0.85	技术复杂大桥	1.68
机械石方	0.46	隧道	1.23
高级路面	0.80	钢材及钢结构	0.56
其他路面	0.74		

9.工地转移费

工地转移费系指施工企业根据建设任务的需要,由已竣工的工地或后方基地迁至新工地的搬迁费用。其内容包括:

(1)施工单位全体职工及随职工迁移的家属向新工地转移的车费、家具行李运费、途中住宿费、行程补助费、杂费及工资与工资附加费等。

(2)公物、工具、施工设备器材、施工机械的运杂费,以及外租机械的往返费及本工程内部各工地之间施工机械、设备、公物、工具的转移费等。

(3)非固定工人进退场及一条路线中各工地转移的费用。

工地转移费以各类工程的直接工程费之和为基数，按表 3-13 的费率计算。

表 3-13　工地转移费费率表(%)

工 程 类 别	工地转移距离(km)					
	50	100	300	500	1 000	每增加 100
人工土方	0.15	0.21	0.32	0.43	0.56	0.03
机械土方	0.50	0.67	1.05	1.37	1.82	0.08
汽车运输	0.31	0.40	0.62	0.82	1.07	0.05
人工石方	0.16	0.22	0.33	0.45	0.58	0.03
机械石方	0.36	0.43	0.74	0.97	1.28	0.06
高级路面	0.61	0.83	1.30	1.70	2.27	0.12
其他路面	0.56	0.75	1.18	1.54	2.06	0.10
构造物 I	0.56	0.75	1.18	1.54	2.06	0.11
构造物 II	0.66	0.89	1.40	1.83	2.45	0.13
构造物 III	1.31	1.77	2.77	3.62	4.85	0.25
技术复杂大桥	0.75	1.01	1.58	2.06	2.76	0.14
隧道	0.52	0.71	1.11	1.45	1.94	0.10
钢材及钢结构	0.72	0.97	1.51	1.97	2.64	0.13

转移距离以工程承包单位(如工程处、工程公司等)转移前后驻地距离或两路线中点的距离为准；编制概(预)算时，如施工单位不明确时，高速、一级公路及独立大桥、隧道按省会(自治区首府)至工地的里程，二级及以下公路按地区(市、盟)至工地的里程计算工地转移费；工地转移里程数在表列里程之间时，费率可内插计算。工地转移距离在 50km 以内的工程不计取本项费用。

二、间接费

间接费由规费和企业管理费两项组成。

(一)规费

规费系指法律、法规、规章、规程规定施工企业必须缴纳的费用(简称规费)，包括：

1. 养老保险费。系指施工企业按规定标准为职工缴纳的基本养老保险费。
2. 失业保险费。系指施工企业按国家规定标准为职工缴纳的失业保险费。
3. 医疗保险费。系指施工企业按规定标准为职工缴纳的基本医疗保险费和生育保险费。
4. 住房公积金。系指施工企业按规定标准为职工缴纳的住房公积金。
5. 工伤保险费。系指施工企业按规定标准为职工缴纳的工伤保险费。

各项规费以各类工程的人工费之和为基数，按国家或工程所在地法律、法规、规章、规程规定的标准计算。

(二)企业管理费

企业管理费由基本费用、主副食运费补贴、职工探亲路费、职工取暖补贴和财务费用五项组成。

1. 基本费用

企业管理费基本费用系指施工企业为组织施工生产和经营管理所需的费用，内容包括：

(1)管理人员工资。系指管理人员的基本工资、工资性补贴、职工福利费、劳动保护费以及缴纳的养老、失业、医疗、生育、工伤保险费和住房公积金等。

(2)办公费。系指企业办公用的文具、纸张、账表、印刷、邮电、书报、会议、水、电、烧水和集体取暖(包括现场临时宿舍取暖)用煤(气)等费用。

(3)差旅交通费。系指职工因公出差和工作调动(包括随行家属的旅费)的差旅费、住勤补助费，市内交通费和误餐补助费，职工探亲路费，劳动力招募费，职工离退休、退职一次性路费，工伤人员就医路费，以及管理部门使用的交通工具的油料、燃料、养路费及牌照费。

(4)固定资产使用费。系指管理和试验部门及附属生产单位使用的属于固定资产的房屋、设备、仪器等的折旧、大修、维修或租赁费等。

(5)工具用具使用费。系指管理使用的不属于固定资产的生产工具、器具、家具、交通工具和检验、试验、测绘、消防用具等的购置、维修和摊销费。

(6)劳动保险费。系指企业支付离退休职工的易地安家补助费、职工退职金、六个月以上的病假人员工资、职工死亡丧葬补助费、抚恤费、按规定支付给离休干部的各项经费。

(7)工会经费。系指企业按职工工资总额计提的工会经费。

(8)职工教育经费。系指企业为职工学习先进技术和提高文化水平，按职工工资总额计提的费用。

(9)保险费。系指企业财产保险、管理用车辆等保险费用。

(10)工程保修费。系指工程竣工交付使用后，在规定保修期以内的修理费用。

(11)工程排污费。系指施工现场按规定缴纳的排污费用。

(12)税金。系指企业按规定缴纳的房产税、车船使用税、土地使用税、印花税等。

(13)其他。系指上述项目以外的其他必要的费用支出，包括技术转让费、技术开发费、业务招待费、绿化费、广告费、投标费、公证费、定额测定费、法律顾问费、审计费、咨询费等。

基本费用以各类工程的直接费之和为基数，按表 3-14 的费率计算。

表 3-14　基本费用费率表(%)

工程类别	费率	工程类别	费率
人工土方	3.36	构造物 I	4.44
机械土方	3.26	构造物 II	5.53
汽车运输	1.44	构造物 III	9.79
人工石方	3.45	技术复杂大桥	4.72
机械石方	3.28	隧道	4.22
高级路面	1.91	钢材及钢结构	2.42
其他路面	3.28		

2. 主副食运费补贴

主副食运费补贴系指施工企业在远离城镇及乡村的野外施工购买生活必需品所需增加的

费用。该费用以各类工程的直接费之和为基数，按表 3-15 的费率计算。

表 3-15　主副食运费补贴费率表(%)

工 程 类 别	综合里程(km)											
	1	3	5	8	10	15	20	25	30	40	50	每增加 10
人工土方	0.17	0.25	0.31	0.39	0.45	0.56	0.67	0.76	0.89	1.06	1.22	0.16
机械土方	0.13	0.19	0.24	0.30	0.35	0.43	0.52	0.59	0.69	0.81	0.95	0.13
汽车运输	0.14	0.20	0.25	0.32	0.37	0.45	0.55	0.62	0.73	0.86	1.00	0.14
人工石方	0.13	0.19	0.24	0.30	0.34	0.42	0.51	0.58	0.67	0.80	0.92	0.12
机械石方	0.12	0.18	0.22	0.28	0.33	0.41	0.49	0.55	0.65	0.76	0.89	0.12
高级路面	0.08	0.12	0.15	0.20	0.22	0.28	0.33	0.38	0.44	0.52	0.60	0.08
其他路面	0.09	0.12	0.15	0.20	0.22	0.28	0.33	0.38	0.44	0.52	0.61	0.09
构造物 I	0.13	0.18	0.23	0.28	0.32	0.40	0.49	0.55	0.65	0.76	0.89	0.12
构造物 II	0.14	0.20	0.25	0.30	0.35	0.43	0.52	0.60	0.70	0.83	0.96	0.13
构造物 III	0.25	0.36	0.45	0.55	0.64	0.79	0.96	1.09	1.28	1.51	1.76	0.24
技术复杂大桥	0.11	0.16	0.20	0.25	0.29	0.36	0.43	0.49	0.57	0.68	0.79	0.11
隧道	0.11	0.16	0.19	0.24	0.28	0.34	0.42	0.48	0.56	0.66	0.77	0.10
钢材及钢结构	0.11	0.16	0.20	0.26	0.30	0.37	0.44	0.50	0.59	0.69	0.80	0.11

综合里程＝粮食运距×0.06＋燃料运距×0.09＋蔬菜运距×0.15＋水运距×0.70 (3-4)

粮食、燃料、蔬菜、水的运距均为全线平均运距；综合里程数在表列里程之间时，费率可内插；综合里程在 1km 以内的工程不计取本项费用。

3. 职工探亲路费

职工探亲路费系指按照有关规定施工企业职工在探亲期间发生的往返车船费、市内交通费和途中住宿费等费用。该费用以各类工程的直接费之和为基数，按表 3-16 的费率计算。

表 3-16　职工探亲路费费率表(%)

工 程 类 别	费　率	工 程 类 别	费　率
人工土方	0.10	构造物 I	0.29
机械土方	0.22	构造物 II	0.34
汽车运输	0.14	构造物 III	0.55
人工石方	0.10	技术复杂大桥	0.20
机械石方	0.22	隧道	0.27
高级路面	0.14	钢材及钢结构	0.16
其他路面	0.16		

4. 职工取暖补贴

职工取暖补贴系指按规定发放给职工的冬季取暖费或在施工现场设置的临时取暖设施的费用。该费用以各类工程的直接费之和为基数，按工程所在地的气温区(见附录七)选用表 3-17的费率计算。

表 3-17　职工取暖补贴费率表(%)

工程类别	气温区						
	准二区	冬一区	冬二区	冬三区	冬四区	冬五区	冬六区
人工土方	0.03	0.06	0.10	0.15	0.17	0.26	0.31
机械土方	0.06	0.13	0.22	0.33	0.44	0.55	0.66
汽车运输	0.06	0.12	0.21	0.31	0.41	0.51	0.62
人工石方	0.03	0.06	0.10	0.15	0.17	0.25	0.31
机械石方	0.05	0.11	0.17	0.26	0.35	0.44	0.53
高级路面	0.04	0.07	0.13	0.19	0.25	0.31	0.38
其他路面	0.04	0.07	0.12	0.18	0.24	0.30	0.36
构造物 I	0.06	0.12	0.19	0.28	0.36	0.46	0.56
构造物 II	0.06	0.13	0.20	0.30	0.41	0.51	0.62
构造物 III	0.11	0.23	0.37	0.56	0.74	0.93	1.13
技术复杂大桥	0.05	0.10	0.17	0.26	0.34	0.42	0.51
隧道	0.04	0.08	0.14	0.22	0.28	0.36	0.43
钢材及钢结构	0.04	0.07	0.12	0.19	0.25	0.31	0.37

5. 财务费用

财务费用系指施工企业为筹集资金而发生的各项费用，包括企业经营期间发生的短期贷款利息净支出、汇兑净损失、调剂外汇手续费、金融机构手续费，以及企业筹集资金发生的其他财务费用。

财务费用以各类工程的直接费之和为基数，按表 3-18 的费率计算。

表 3-18　财务费用费率表(%)

工程类别	费率	工程类别	费率
人工土方	0.23	构造物 I	0.37
机械土方	0.21	构造物 II	0.40
汽车运输	0.21	构造物 III	0.82
人工石方	0.22	技术复杂大桥	0.46
机械石方	0.20	隧道	0.39
高级路面	0.27	钢材及钢结构	0.48
其他路面	0.30		

(三)辅助生产间接费

辅助生产间接费系指由施工单位自行开采加工的砂、石等材料及施工单位自办的人工装卸和运输的间接费。

辅助生产间接费按人工费的 5%计。该项费用并入材料预算单价内构成材料费，不直接出现在概(预)算中。

高原地区施工单位的辅助生产，可按其他工程费中高原地区施工增加费费率，以直接工程费为基数计算高原地区施工增加费(其中：人工采集、加工材料，人工装卸、运输材料按人工土方费率计算;机械采集、加工材料按机械石方费率计算;机械装、运输材料按汽车运输费率计算)。辅助生产高原地区施工增加费不作为辅助生产间接费的计算基数。

三、利润

利润系指施工企业完成所承包工程应取得的盈利。利润按直接费与间接费之和扣除规费的 7%计算。

四、税金

税金系指按国家税法规定应计入建筑安装工程造价内的营业税、城市维护建设税及教育费附加等。

计算公式:

$$综合税金额=(直接费+间接费+利润)\times综合税率 \tag{3-5}$$

1.纳税地点在市区的企业,综合税率为:

$$综合税率(\%)=\left(\frac{1}{1-3\%-3\%\times7\%-3\%\times3\%}-1\right)\times100=3.41(\%)$$

2.纳税地点在县城、乡镇的企业,综合税率为:

$$综合税率(\%)=\left(\frac{1}{1-3\%-3\%\times5\%-3\%\times3\%}-1\right)\times100=3.35(\%)$$

3.纳税地点不在市区、县城、乡镇的企业,综合税率为:

$$综合税率(\%)=\left(\frac{1}{1-3\%-3\%\times1\%-3\%\times3\%}-1\right)\times100=3.22(\%)$$

第二节　设备、工具、器具及家具购置费

一、设备购置费

设备购置费系指为满足公路的营运、管理、养护需要,购置的达到固定资产标准的设备和虽低于固定资产标准但属于设计明确列入设备清单的设备的费用,包括渡口设备,隧道照明、消防、通风的动力设备,高等级公路的收费、监控、通信、供电设备,养护用的机械、设备和工具、器具等的购置费用。

设备购置费应由设计单位列出计划购置的清单(包括设备的规格、型号、数量),以设备原价加综合业务费和运杂费按以下公式计算:

$$\begin{aligned}设备购置费=&设备原价+运杂费(运输费+装卸费+搬运费)+\\&运输保险费+采购及保管费\end{aligned} \tag{3-6}$$

需要安装的设备,应在第一部分建筑安装工程费的有关项目内另计设备的安装工程费。

设备与材料的划分标准见附录六。

1.国产设备原价的构成及计算

国产设备的原价一般是指设备制造厂的交货价,即出厂价或订货合同价。它一般根据生

产厂或供应商的询价、报价、合同价确定，或采用一定的方法计算确定。其内容包括按专业标准规定的在运输过程中不受损失的一般包装费，及按产品设计规定配带的工具、附件和易损件的费用。即：

设备原价＝出厂价(或供货地点价)＋包装费＋手续费　(3-7)

2.进口设备原价的构成及计算

进口设备的原价是指进口设备的抵岸价，即抵达买方边境港口或边境车站，且交完关税为止形成的价格。即：

进口设备原价＝货价＋国际运费＋运输保险费＋银行财务费＋外贸手续费＋关税＋增值税＋消费税＋商检费＋检疫费＋车辆购置附加费　(3-8)

(1)货价：一般指装运港船上交货价(FOB，习惯称离岸价)。设备货价分为原币货价和人民币货价。原币货价一律折算为美元表示，人民币货价按原币货价乘以外汇市场美元兑换人民币的中间价确定。进口设备货价按有关生产厂商询价、报价、订货合同价计算。

(2)国际运费：即从装运港(站)到达我国抵达港(站)的运费。即：

国际运费＝原币货价(FOB价)×运费费率　(3-9)

我国进口设备大多采用海洋运输，小部分采用铁路运输，个别采用航空运输。运费费率参照有关部门或进出口公司的规定执行，海运费费率一般为6%。

(3)运输保险费：对外贸易货物运输保险是由保险人(保险公司)与被保险人(出口人或进口人)订立保险契约，在被保险人交付议定的保险费后，保险人根据保险契约的规定对货物在运输过程中发生的承保责任范围内的损失给予经济上的补偿。这是一种财产保险。计算公式为：

运输保险费＝[原币货价(FOB价)＋国际运费]÷(1－保险费费率)×保险费费率　(3-10)

保险费费率按保险公司规定的进口货物保险费费率计算，一般为0.35%。

(4)银行财务费：一般指中国银行手续费。其可按下式简化计算：

银行财务费＝人民币货价(FOB价)×银行财务费费率　(3-11)

银行财务费费率一般为0.4%～0.5%。

(5)外贸手续费：指按规定计取的外贸手续费。其计算公式为：

外贸手续费＝[人民币货价(FOB价)＋国际运费＋运输保险费]×外贸手续费费率　(3-12)

外贸手续费费率一般为1%～1.5%。

(6)关税：指海关对进出国境或关境的货物和物品征收的一种税。其计算公式为：

关税＝[人民币货价(FOB价)＋国际运费＋运输保险费]×进口关税税率　(3-13)

进口关税税率按我国海关总署发布的进口关税税率计算。

(7)增值税：是对从事进口贸易的单位和个人，在进口商品报关进口后征收的税种。按《中华人民共和国增值税条例》的规定，进口应税产品均按组成计税价格和增值税税率直接计算应纳税额。即：

增值税＝[人民币货价(FOB价)＋国际运费＋运输保险费＋关税＋消费税]×增值税税率　(3-14)

增值税税率根据规定的税率计算，目前进口设备适用的税率为17%。

(8)消费税：对部分进口设备(如轿车、摩托车等)征收。其计算公式为：

应纳消费税额=[人民币货价(FOB价)+国际运费+运输保险费+关税]÷(1-消费税税率)×消费税税率 (3-15)

消费税税率根据规定的税率计算。

(9)商检费：指进口设备按规定付给商品检查部门的进口设备检验鉴定费。其计算公式为：

商检费=[人民币货价(FOB价)+国际运费+运输保险费]×商检费费率 (3-16)

商检费费率一般为0.8%。

(10)检疫费：指进口设备按规定付给商品检疫部门的进口设备检验鉴定费。其计算公式为：

检疫费=[人民币货价(FOB价)+国际运费+运输保险费]×检疫费费率 (3-17)

检疫费费率一般为0.17%。

(11)车辆购置附加费：指进口车辆需缴纳的进口车辆购置附加费。其计算公式为：

进口车辆购置附加费=[人民币货价(FOB价)+国际运费+运输保险费+关税+消费税+增值税]×进口车辆购置附加费费率 (3-18)

在计算进口设备原价时，应注意工程项目的性质，有无按国家有关规定减免进口环节税的可能。

3. 设备运杂费的构成及计算

国产设备运杂费指由设备制造厂交货地点起至工地仓库(或施工组织设计指定的需要安装设备的堆放地点)止所发生的运费和装卸费；进口设备运杂费指由我国到岸港口或边境车站起至工地仓库(或施工组织设计指定的需要安装设备的堆放地点)止所发生的运费和装卸费。其计算公式为：

运杂费=设备原价×运杂费费率 (3-19)

设备运杂费费率见表3-19。

表3-19 设备运杂费费率表(%)

运输里程(km)	100以内	101～200	201～300	301～400	401～500	501～750	751～1 000	1 001～1 250	1 251～1 500	1 501～1 750	1 751～2 000	2 000以上每增250
费率(%)	0.8	0.9	1.0	1.1	1.2	1.5	1.7	2.0	2.2	2.4	2.6	0.2

4. 设备运输保险费的构成及计算

设备运输保险费指国内运输保险费。其计算公式为：

运输保险费=设备原价×保险费费率 (3-20)

设备运输保险费费率一般为1%。

5. 设备采购及保管费的构成及计算

设备采购及保管费指采购、验收、保管和收发设备所发生的各种费用，包括设备采购人员、保管人员和管理人员的工资、工资附加费、办公费、差旅交通费，设备供应部门办公和仓库所占固定资产使用费、工具用具使用费、劳动保护费、检验试验费等。其计算公式为：

采购及保管费＝设备原价×采购及保管费费率 (3-21)

需要安装的设备的采购保管费费率为 2.4%，不需要安装的设备的采购保管费费率为 1.2%。

二、工器具及生产家具(简称工器具)购置费

工器具购置费系指建设项目交付使用后为满足初期正常营运必须购置的第一套不构成固定资产的设备、仪器、仪表、工卡模具、器具、工作台(框、架、柜)等的费用。该费用不包括构成固定资产的设备、工器具和备品、备件，及已列入设备购置费中的专用工具和备品、备件。

对于工器具购置，应由设计单位列出计划购置的清单(包括规格、型号、数量)，购置费的计算方法同设备购置费。

三、办公和生活用家具购置费

办公和生活用家具购置费系指为保证新建、改建项目初期正常生产、使用和管理所必须购置的办公和生活用家具、用具的费用。

范围包括：行政、生产部门的办公室、会议室、资料档案室、阅览室、单身宿舍及生活福利设施等的家具、用具。

办公和生活用家具购置费按表 3-20 的规定计算。

表 3-20 办公和生活用家具购置费标准表

工程所在地	路线(元/公路公里)				有看桥房的独立大桥(元/座)	
	高速公路	一级公路	二级公路	三、四级公路	一般大桥	技术复杂大桥
内蒙古、黑龙江、青海、新疆、西藏	21 500	15 600	7 800	4 000	24 000	60 000
其他省、自治区、直辖市	17 500	14 600	5 800	2 900	19 800	49 000

注：改建工程按表列数 80%计。

第三节 工程建设其他费用

一、土地征用及拆迁补偿费

土地征用及拆迁补偿费系指按照《中华人民共和国土地管理法》及《中华人民共和国土地管理法实施条例》、《中华人民共和国基本农田保护条例》等法律、法规的规定，为进行公路建设需征用土地所支付的土地征用及拆迁补偿费等费用。

1.费用内容

(1)土地补偿费：指被征用土地地上、地下附着物及青苗补偿费，征用城市郊区的菜地等缴纳的菜地开发建设基金，租用土地费，耕地占用税，用地图编制费及勘界费，征地管理费等。

(2)征用耕地安置补助费:指征用耕地需要安置农业人口的补助费。

(3)拆迁补偿费:指被征用或占用土地上的房屋及附属构筑物、城市公用设施等拆除、迁建补偿费,拆迁管理费等。

(4)复耕费:指临时占用的耕地、鱼塘等,待工程竣工后将其恢复到原有标准所发生的费用。

(5)耕地开垦费:指公路建设项目占用耕地的,应由建设项目法人(业主)负责补充耕地所发生的费用;没有条件开垦或者开垦的耕地不符合要求的,按规定缴纳的耕地开垦费。

(6)森林植被恢复费:指公路建设项目需要占用、征用或者临时占用林地的,经县级以上林业主管部门审核同意或批准,建设项目法人(业主)单位按照有关规定向县级以上林业主管部门预缴的森林植被恢复费。

2.计算方法

土地征用及拆迁补偿费应根据审批单位批准的建设工程用地和临时用地面积及其附着物的情况,以及实际发生的费用项目,按国家有关规定及工程所在地的省(自治区、直辖市)人民政府颁发的有关规定和标准计算。

森林植被恢复费应根据审批单位批准的建设工程占用林地的类型及面积,按国家有关规定及工程所在地的省(自治区、直辖市)人民政府颁发的有关规定和标准计算。

当与原有的电力电信设施、水利工程、铁路及铁路设施互相干扰时,应与有关部门联系,商定合理的解决方案和补偿金额,也可由这些部门按规定编制费用以确定补偿金额。

二、建设项目管理费

建设项目管理费包括建设单位(业主)管理费、工程质量监督费、工程监理费、工程定额测定费、设计文件审查费和竣(交)工验收试验检测费。

(一)建设单位(业主)管理费

建设单位(业主)管理费系指建设单位(业主)为建设项目的立项、筹建、建设、竣(交)工验收、总结等工作所发生的费用,不包括应计入设备、材料预算价格的建设单位采购及保管设备、材料所需的费用。

费用内容包括:工作人员的工资、工资性补贴、施工现场津贴、社会保障费用(基本养老、基本医疗、失业、工伤保险)、住房公积金、职工福利费、工会经费、劳动保护费;办公费、会议费、差旅交通费、固定资产使用费(包括办公及生活房屋折旧、维修或租赁费,车辆折旧、维修、使用或租赁费,通信设备购置、使用费,测量、试验设备仪器折旧、维修或租赁费,其他设备折旧、维修或租赁费等)、零星固定资产购置费、招募生产工人费;技术图书资料费、职工教育经费、工程招标费(不含招标文件及标底或造价控制值编制费);合同契约公证费、法律顾问费、咨询费;建设单位的临时设施费、完工清理费、竣(交)工验收费(含其他行业或部门要求的竣工验收费用)、各种税费(包括房产税、车船使用税、印花税等);建设项目审计费、境内外融资费用(不含建设期贷款利息)、业务招待费、安全生产管理费和其他管理性开支。

由施工企业代建设单位(业主)办理"土地、青苗等补偿费"的工作人员所发生的费用,应在建设单位(业主)管理费项目中支付。当建设单位(业主)委托有资质的单位代理招标时,其代理费应在建设单位(业主)管理费中支出。

建设单位(业主)管理费以建筑安装工程费总额为基数,按表3-21的费率,以累进办法计算。

表3-21　建设单位管理费费率表

第一部分　建筑安装工程费(万元)	费率(%)	算　例(万元)	
		建筑安装工程费	建设单位(业主)管理费
500以下	3.48	500	500 × 3.48% = 17.4
501 ~ 1 000	2.73	1 000	17.4 + 500 × 2.73% = 31.05
1 001 ~ 5 000	2.18	5 000	31.05 + 4 000 × 2.18% = 118.25
5 001 ~ 10 000	1.84	10 000	118.25 + 5 000 × 1.84% = 210.25
10 001 ~ 30 000	1.52	30 000	210.25 + 20 000 × 1.52% = 514.25
30 001 ~ 50 000	1.27	50 000	514.25 + 20 000 × 1.27% = 768.25
50 001 ~ 100 000	0.94	100 000	768.25 + 50 000 × 0.94% = 1 238.25
100 001 ~ 150 000	0.76	150 000	1 238.25 + 50 000 × 0.76% = 1 618.25
150 001 ~ 200 000	0.59	200 000	1 618.25 + 50 000 × 0.59% = 1 913.25
200 001 ~ 300 000	0.43	300 000	1 913.25 + 100 000 × 0.43% = 2 343.25
300 000以上	0.32	310 000	2 343.25 + 10 000 × 0.32% = 2 375.25

水深>15m、跨度≥400m的斜拉桥和跨度≥800m的悬索桥等独立特大型桥梁工程的建设单位(业主)管理费按表3-21中的费率乘以1.0~1.2的系数计算;海上工程[指由于风浪影响,工程施工期(不包括封冻期)全年月平均工作日少于15天的工程]的建设单位(业主)管理费按表3-21中的费率乘以1.0~1.3的系数计算。

(二)工程质量监督费

工程质量监督费系指根据国家有关部门规定,各级公路工程质量监督机构对工程建设质量和安全生产实施监督应收取的管理费用。

工程质量监督费以建筑安装工程费总额为基数,按0.15%计算。

(三)工程监理费

工程监理费系指建设单位(业主)委托具有公路工程监理资格的单位,按施工监理规范进行全面的监督和管理所发生的费用。

费用内容包括:工作人员的基本工资、工资性津贴、社会保障费用(基本养老、基本医疗、失业、工伤保险)、住房公积金、职工福利费、工会经费、劳动保护费;办公费、会议费、差旅交通费、固定资产使用费(包括办公及生活房屋折旧、维修或租赁费,车辆折旧、维修、使用或租赁费,通信设备购置、使用费,测量、试验、检测设备仪器折旧、维修或租赁费,其他设备折旧、维修或租赁费等)、零星固定资产购置费、招募生产工人费;技术图书资料费、职工教育经费、投标费用;合同契约公证费、咨询费、业务招待费;财务费用、监理单位的临时设施费、各种税费和其他管理性开支。

工程监理费以建筑安装工程费总额为基数,按表3-22的费率计算。

表 3-22 工程监理费费率表

工程类别	高速公路	一级及二级公路	三级及四级公路	桥梁及隧道
费率(%)	2.0	2.5	3.0	2.5

表 3-22 中的桥梁指水深大于 15m、斜拉桥和悬索桥等独立特大型桥梁工程；隧道指水下隧道工程。

建设单位(业主)管理费和工程监理费均为实施建设项目管理的费用，执行时根据建设单位(业主)和施工监理单位所实际承担的工作内容和工作量，在保证监理费用的前提下，可统筹使用。

(四)工程定额测定费

工程定额测定费系指各级公路(交通)工程定额(造价管理)站为测定劳动定额、搜集定额资料、编制工程定额及定额管理所需要的工作经费。

工程定额测定费以建筑安装工程费总额为基数，按 0.12%计算。

(五)设计文件审查费

设计文件审查费系指国家和省级交通主管部门在项目审批前，为保证勘察设计工作的质量，组织有关专家或委托有资质的单位，对设计单位提交的建设项目可行性研究报告和勘察设计文件以及对设计变更、调整概算进行审查所需要的相关费用。

设计文件审查费以建筑安装工程费总额为基数，按 0.1%计算。

(六)竣(交)工验收试验检测费

竣(交)工验收试验检测费系指在公路建设项目交工验收和竣工验收前，由建设单位(业主)或工程质量监督机构委托有资质的公路工程质量检测单位按照有关规定对建设项目的工程质量进行检测，并出具检测意见所需要的相关费用。

竣(交)工验收试验检测费按表 3-23 的规定计算。

表 3-23 竣(交)工验收试验检测费标准表

项　目	路线(元/公路公里)				独立大桥(元/座)	
	高速公路	一级公路	二级公路	三、四级公路	一般大桥	技术复杂大桥
试验检测费	15 000	12 000	10 000	5 000	30 000	100 000

关于竣(交)工验收试验检测费，高速公路、一级公路按四车道计算，二级及以下等级公路按双车道计算，每增加一条车道，按表 3-23 的费用增加 10%。

三、研究试验费

研究试验费系指为本建设项目提供或验证设计数据、资料进行必要的研究试验和按照设计规定在施工过程中必须进行试验、验证所需的费用，以及支付科技成果、先进技术的一次性技术转让费。该费用不包括：

(1)应由科技三项费用(即新产品试制费、中间试验费和重要科学研究补助费)开支的项目。

(2)应由施工辅助费开支的施工企业对建筑材料、构件和建筑物进行一般鉴定、检查所发生的费用及技术革新研究试验费。

(3)应由勘察设计费或建筑安装工程费用中开支的项目。

计算方法:按照设计提出的研究试验内容和要求进行编制,不需验证设计基础资料的不计本项费用。

四、建设项目前期工作费

建设项目前期工作费系指委托勘察设计、咨询单位对建设项目进行可行性研究、工程勘察设计,以及设计、监理、施工招标文件及招标标底或造价控制值文件编制时,按规定应支付的费用。该费用包括:

(1)编制项目建议书(或预可行性研究报告)、可行性研究报告、投资估算,以及相应的勘察、设计、专题研究等所需的费用。

(2)初步设计和施工图设计的勘察费(包括测量、水文调查、地质勘探等)、设计费、概(预)算及调整概算编制费等。

(3)设计、监理、施工招标文件及招标标底(或造价控制值或清单预算)文件编制费等。

计算方法:依据委托合同计列,或按国家颁发的收费标准和有关规定进行编制。

五、专项评价(估)费

专项评价(估)费系指依据国家法律、法规规定须进行评价(评估)、咨询,按规定应支付的费用。该费用包括环境影响评价费、水土保持评估费、地震安全性评价费、地质灾害危险性评价费、压覆重要矿床评估费、文物勘察费、通航论证费、行洪论证(评估)费、使用林地可行性研究报告编制费、用地预审报告编制费等费用。

计算方法:按国家颁发的收费标准和有关规定进行编制。

六、施工机构迁移费

施工机构迁移费系指施工机构根据建设任务的需要,经有关部门决定成建制地(指工程处等)由原驻地迁移到另一地区所发生的一次性搬迁费用。该费用不包括:

(1)应由施工企业自行负担的,在规定距离范围内调动施工力量以及内部平衡施工力量所发生的迁移费用。

(2)由于违反基建程序,盲目调迁队伍所发生的迁移费。

(3)因中标而引起施工机构迁移所发生的迁移费。

费用内容包括:职工及随同家属的差旅费,调迁期间的工资,施工机械、设备、工具、用具和周转性材料的搬运费。

计算方法:施工机构迁移费应经建设项目的主管部门同意按实计算。但计算施工机构迁移费后,如迁移地点即新工地地点(如独立大桥),则其他工程费内的工地转移费应不再计算;如施工机构迁移地点至新工地地点尚有部分距离,则工地转移费的距离,应以施工机构新地点为计算起点。

七、供电贴费

供电贴费系指按照国家规定，建设项目应交付的供电工程贴费、施工临时用电贴费。

计算方法：按国家有关规定计列（目前停止征收）。

八、联合试运转费

联合试运转费系指新建、改（扩）建工程项目，在竣工验收前按照设计规定的工程质量标准，进行动（静）载荷载实验所需的费用，或进行整套设备带负荷联合试运转期间所需的全部费用抵扣试车期间收入的差额。该费用不包括应由设备安装工程项下开支的调试费的费用。

费用内容包括：联合试运转期间所需的材料、油燃料和动力的消耗，机械和检测设备使用费，工具用具和低值易耗品费，参加联合试运转人员工资及其他费用等。

联合试运转费以建筑安装工程费总额为基数，独立特大型桥梁按 0.075%、其他工程按 0.05%计算。

九、生产人员培训费

生产人员培训费系指新建、改（扩）建公路工程项目，为保证生产的正常运行，在工程竣工验收交付使用前对运营部门生产人员和管理人员进行培训所必需的费用。

费用内容包括：培训人员的工资、工资性补贴、职工福利费、差旅交通费、劳动保护费、培训及教学实习费等。

生产人员培训费按设计定员和 2 000 元/人的标准计算。

十、固定资产投资方向调节税

固定资产投资方向调节税系指为了贯彻国家产业政策，控制投资规模，引导投资方向，调整投资结构，加强重点建设，促进国民经济持续稳定协调发展，依照《中华人民共和国固定资产投资方向调节税暂行条例》规定，公路建设项目应缴纳的固定资产投资方向调节税。

计算方法：按国家有关规定计算（目前暂停征收）。

十一、建设期贷款利息

建设期贷款利息系指建设项目中分年度使用国内贷款或国外贷款部分，在建设期内应归还的贷款利息。费用内容包括各种金融机构贷款、企业集资、建设债券和外汇贷款等利息。

计算方法：根据不同的资金来源按需付息的分年度投资计算。

计算公式如下：

建设期贷款利息＝∑（上年末付息贷款本息累计＋本年度付息贷款额÷2）×年利率　　(3-22)

即：

$$S=\sum_{n=1}^{N}(F_{n-1}+b_n\div 2)\times i$$

式中：S——建设期贷款利息（元）；

N——项目建设期(年);

n——施工年度;

F_{n-1}——建设期第($n-1$)年末需付息贷款本息累计(元);

b_n——建设期第 n 年度付息贷款额(元);

i——建设期贷款年利率(%)。

第四节 预 备 费

预备费由价差预备费及基本预备费两部分组成。在公路工程建设期限内,凡需动用预备费时,属于公路交通部门投资的项目,需经建设单位提出,按建设项目隶属关系,报交通部或交通厅(局、委)基建主管部门核定批准;属于其他部门投资的建设项目,按其隶属关系报有关部门核定批准。

一、价差预备费

价差预备费系指设计文件编制年至工程竣工年期间,第一部分费用的人工费、材料费、机械使用费、其他工程费、间接费等以及第二、三部分费用由于政策、价格变化可能发生上浮而预留的费用及外资贷款汇率变动部分的费用。

(1)计算方法:价差预备费以概(预)算或修正概算第一部分建筑安装工程费总额为基数,按设计文件编制年始至建设项目工程竣工年终的年数和年工程造价增涨率计算。

计算公式如下:

$$价差预备费 = P\times[(1+i)^{n-1}-1] \tag{3-23}$$

式中:P——建筑安装工程费总额(元);

i——年工程造价增涨率(%);

n——设计文件编制年至建设项目开工年+建设项目建设期限(年)。

(2)年工程造价增涨率按有关部门公布的工程投资价格指数计算,或由设计单位会同建设单位根据该工程人工费、材料费、施工机械使用费、其他工程费、间接费以及第二、三部分费用可能发生的上浮等因素,以第一部分建安费为基数进行综合分析预测。

(3)设计文件编制至工程完工在一年以内的工程,不列此项费用。

二、基本预备费

基本预备费系指在初步设计和概算中难以预料的工程和费用。其用途如下:

(1)在进行技术设计、施工图设计和施工过程中,在批准的初步设计和概算范围内所增加的工程费用。

(2)在设备订货时,由于规格、型号改变的价差;材料货源变更、运输距离或方式的改变以及因规格不同而代换使用等原因发生的价差。

(3)由于一般自然灾害所造成的损失和预防自然灾害所采取的措施费用。

(4)在项目主管部门组织竣(交)工验收时,验收委员会(或小组)为鉴定工程质量必须开挖和修复隐蔽工程的费用。

(5)投保的工程根据工程特点和保险合同发生的工程保险费用。

计算方法：以第一、二、三部分费用之和（扣除固定资产投资方向调节税和建设期贷款利息两项费用）为基数按下列费率计算：

设计概算按5%计列；

修正概算按4%计列；

施工图预算按3%计列。

采用施工图预算加系数包干承包的工程，包干系数为施工图预算中直接费与间接费之和的3%。施工图预算包干费用由施工单位包干使用。

该包干费用的内容为：

(1)在施工过程中，设计单位对分部分项工程修改设计而增加的费用，但不包括因水文地质条件变化造成的基础变更、结构变更、标准提高、工程规模改变而增加的费用。

(2)预算审定后，施工单位负责采购的材料由于货源变更、运输距离或方式的改变以及因规格不同而代换使用等原因发生的价差。

(3)由于一般自然灾害所造成的损失和预防自然灾害所采取的措施的费用（例如一般防台风、防洪的费用）等。

第五节　回收金额

概、预算定额所列材料一般不计回收，只对按全部材料计价的一些临时工程项目和由于工程规模或工期限制达不到规定周转次数的拱盔、支架及施工金属设备的材料计算回收金额。回收率见表3-24。

表3-24　回收率表

回收项目	使用年限或周转次数				计算基数
	一年或一次	两年或两次	三年或三次	四年或四次	
临时电力、电信线路	50%	30%	10%	—	材料原价
拱盔、支架	60%	45%	30%	15%	
施工金属设备	65%	65%	50%	30%	

注：施工金属设备指钢壳沉井、钢护筒等。

第六节　公路工程建设各项费用的计算程序及计算方式

公路工程建设各项费用的计算程序及计算方式见表3-25。

表3-25　公路工程建设各项费用的计算程序及计算方式

代号	项目	说明及计算式
(一)	直接工程费(即工、料、机费)	按编制年工程所在地的预算价格计算
(二)	其他工程费	(一)×其他工程费综合费率或各类工程人工费和机械费之和×其他工程费综合费率
(三)	直接费	(一)+(二)
(四)	间接费	各类工程人工费×规费综合费率+(三)×企业管理费综合费率
(五)	利润	[(三)+(四)－规费]×利润率

续上表

代　号	项　　目	说明及计算式
(六)	税金	[(三)+(四)+(五)]×综合税率
(七)	建筑安装工程费	(三)+(四)+(五)+(六)
(八)	设备、工具、器具购置费(包括备品备件)	∑(设备、工具、器具购置数量×单价+运杂费)×(1+采购保管费率)
	办公及生活用家具购置费	按有关规定计算
(九)	工程建设其他费用	
	土地征用及拆迁补偿费	按有关规定计算
	建设单位(业主)管理费	(七)×费率
	工程质量监督费	(七)×费率
	工程监理费	(七)×费率
	工程定额测定费	(七)×费率
	设计文件审查费	(七)×费率
	竣(交)工验收试验检测费	按有关规定计算
	研究试验费	按批准的计划编制
	前期工作费	按有关规定计算
	专项评价(估)费	按有关规定计算
	施工机构迁移费	按实计算
	供电贴费	按有关规定计算
	联合试运转费	(七)×费率
	生产人员培训费	按有关规定计算
	固定资产投资方向调节税	按有关规定计算
	建设期贷款利息	按实际贷款数及利率计算
(十)	预备费	包括价差预备费和基本预备费两项
	价差预备费	按规定的公式计算
	基本预备费	[(七)+(八)+(九)−固定资产投资方向调节税−建设期贷款利息]×费率
	预备费中施工图预算包干系数	[(三)+(四)]×费率
(十一)	建设项目总费用	(七)+(八)+(九)+(十)

附录一　公路交工前养护费指标

公路交工前养护费为陆续完工的路段，在路段交工初验时止，以路面为主包括路基、构造物在内的养护费用。该费用按全线里程及平均养护月数，以下列标准计算：

三、四级公路每月养护费按每公里每月 60 个工日计算；

二级及二级以上公路每月养护费按每公里每月 30 个工日计算；

另按路面工程类别计算其他工程费和间接费。

附录二　绿化补助费指标

新建公路的绿化补助费指标如下：

平原微丘区：5 000 元/km；

山岭重丘区：1 000 元/km。

以上费用标准内已包括其他工程费和间接费。

本指标仅适用于无绿化设计的二级以下等级公路建设项目。

附录三　冬雨季及夜间施工增工百分率、临时设施用工指标

1. 冬雨季及夜间施工增工百分率按下表计算：

项　　目	雨季施工（雨量区）		冬季施工							
			冬一区		冬二区		冬三区	冬四区	冬五区	冬六区
	Ⅰ	Ⅱ	Ⅰ	Ⅱ	Ⅰ	Ⅱ				
路线	0.30	0.45	0.70	1.00	1.40	1.80	2.40	3.00	4.50	6.75
独立大中桥	0.30	0.45	0.30	0.40	0.50	0.60	0.80	1.00	1.50	2.25

注：冬雨季施工增加工以各类工程概、预算工数之和为依据，表中雨季施工增工百分率为每个雨季月的增加率，如雨季期（不是施工期）为两个半月时，表列数值应乘 2.5，余类推。夜间施工增加工按夜间施工工程项目概、预算工数的 4%计。

2. 临时设施用工指标按下表计算：

项　　目	路　　线　（1km）					独立大中桥（$100m^2$ 桥面）
	公路等级					
	高速公路	一级公路	二级公路	三级公路	四级公路	
工日	2 340	1 160	340	160	100	60

附录四　概、预算项目表

项	目	节	细目	工程或费用名称	单　位	备　注
				第一部分　建筑安装工程费	**公路公里**	建设项目路线总长度(主线长度)
一				临时工程	公路公里	
	1			临时道路	km	新建便道与利用原有道路的总长
			1	临时便道的修建与维护	km	新建便道长度
			2	原有道路的维护与恢复	km	利用原有道路长度
				……		
	2			临时便桥	m/座	指汽车便桥
	3			临时轨道铺设	km	
	4			临时电力线路	km	
	5			临时电信线路	km	不包括广播线
	6			临时码头	座	按不同的形式划分节或细目
二				路基工程	km	扣除桥梁、隧道和互通立交的主线长度，独立桥梁或隧道为引道或接线长度
	1			场地清理	km	
		1		清理与掘除	m^2	按清除内容的不同划分细目
			1	清除表土	m^3	
			2	伐树、挖根、除草	m^2	
				……		
		2		挖除旧路面	m^2	按不同的路面类型和厚度划分细目
			1	挖除水泥混凝土路面	m^2	
			2	挖除沥青混凝土路面	m^2	
			3	挖除碎(砾)石路面	m^2	
				……		
		3		拆除旧建筑物、构筑物	m^3	按不同的构筑材料划分细目
			1	拆除钢筋混凝土结构	m^3	
			2	拆除混凝土结构	m^3	
			3	拆除砖石及其他砌体	m^3	
				……		
	2			挖方	m^3	
		1		挖土方	m^3	按不同的地点划分细目
			1	挖路基土方	m^3	
			2	挖改路、改河、改渠土方	m^3	
				……		
		2		挖石方	m^3	按不同的地点划分细目
			1	挖路基石方	m^3	
			2	挖改路、改河、改渠石方	m^3	
				……		
		3		挖非适用材料	m^3	
		4		弃方运输	m^3	
	3			填方	m^3	
		1		路基填方	m^3	按不同的填筑材料划分细目

续上表

项	目	节	细目	工程或费用名称	单 位	备 注
			1	换填土	m³	
			2	利用土方填筑	m³	
			3	借土方填筑	m³	
			4	利用石方填筑	m³	
			5	填砂路基	m³	
			6	粉煤灰及填石路基	m³	
				……		
		2		改路、改河、改渠填方	m³	按不同的填筑材料划分细目
			1	利用土方填筑	m³	
			2	借土方填筑	m³	
			3	利用石方填筑	m³	
				……		
		3		结构物台背回填	m³	按不同的填筑材料划分细目
			1	填碎石	m³	
				……		
	4			特殊路基处理	km	指需要处理的软弱路基长度
		1		软土处理	km	按不同的处治方法划分细目
			1	抛石挤淤	m³	
			2	砂、砂砾垫层	m³	
			3	灰土垫层	m³	
			4	预压与超载预压	m²	
			5	袋装砂井	m	
			6	塑料排水板	m	
			7	粉喷桩与旋喷桩	m	
			8	碎石桩	m	
			9	砂桩	m	
			10	土工布	m²	
			11	土工格栅	m²	
			12	土工格室	m²	
				……		
		2		滑坡处理	处	按不同的处理方式划分细目
			1	卸载土石方	m³	
			2	抗滑桩	m³	
			3	预应力锚索	m	
				……		
		3		岩溶洞回填	m³	按不同的回填材料划分细目
			1	混凝土	m³	
				……		
		4		膨胀土处理	km	按不同的处理方法划分细目
			1	改良土	m³	
				……		
		5		黄土处理	m³	按黄土的不同特性划分细目
			1	陷穴	m³	
			2	湿陷性黄土	m²	
				……		
		6		盐渍土处理	m²	按不同的厚度划分细目
				……		
	5			排水工程	km	按不同的结构类型分节

续上表

项	目	节	细目	工程或费用名称	单 位	备 注
		1		边沟	m^3/m	按不同的材料、尺寸划分细目
			1	现浇混凝土边沟	m^3/m	
			2	浆砌混凝土预制块边沟	m^3/m	
			3	浆砌片石边沟	m^3/m	
			4	浆砌块石边沟	m^3/m	
				……		
		2		排水沟	处	按不同的材料、尺寸划分细目
			1	现浇混凝土排水沟	m^3/m	
			2	浆砌混凝土预制块排水沟	m^3/m	
			3	浆砌片石排水沟	m^3/m	
			4	浆砌块石排水沟	m^3/m	
				……		
		3		截水沟	m^3/m	按不同的材料、尺寸划分细目
			1	浆砌混凝土预制块截水沟	m^3/m	
			2	浆砌片石截水沟	m^3/m	
				……		
		4		急流槽	m^3/m	按不同的材料、尺寸划分细目
			1	现浇混凝土急流槽	m^3/m	
			2	浆砌片石急流槽	m^3/m	
				……		
		5		暗沟	m^3	按不同的材料、尺寸划分细目
				……		
		6		渗(盲)沟	m^3/m	按不同的材料、尺寸划分细目
				……		
		7		排水管	m	按不同的材料、尺寸划分细目
				……		
		8		集水井	m^3/个	按不同的材料、尺寸划分细目
				……		
		9		泄水槽	m^3/个	按不同的材料、尺寸划分细目
				……		
	6			防护与加固工程	km	按不同的结构类型分节
		1		坡面植物防护	m^2	按不同的材料划分细目
			1	播种草籽	m^2	
			2	铺(植)草皮	m^2	
			3	土工织物植草	m^2	
			4	植生袋植草	m^2	
			5	液压喷播植草	m^2	
			6	客土喷播植草	m^2	
			7	喷混植草	m^2	
				……		
		2		坡面圬工防护	m^3/m^2	按不同的材料和形式划分细目
			1	现浇混凝土护坡	m^3/m^2	
			2	预制块混凝土护坡	m^3/m^2	
			3	浆砌片石护坡	m^3/m^2	
			4	浆砌块石护坡	m^3/m^2	
			5	浆砌片石骨架护坡	m^3/m^2	
			6	浆砌片石护面墙	m^3/m^2	
			7	浆砌块石护面墙	m^3/m^2	

续上表

项	目	节	细目	工程或费用名称	单 位	备 注
				……		
		3		坡面喷浆防护	m^2	按不同的材料划分细目
			1	抹面、捶面护坡	m^2	
			2	喷浆护坡	m^2	
			3	喷射混凝土护坡	m^3/m^2	
				……		
		4		坡面加固	m^2	按不同的材料划分细目
			1	预应力锚索	t/m	
			2	锚杆、锚钉	t/m	
			3	锚固板	m^3	
				……		
		5		挡土墙	m^3/m	按不同的材料和形式划分细目
			1	现浇混凝土挡土墙	m^3/m	
			2	锚杆挡土墙	m^3/m	
			3	锚碇板挡土墙	m^3/m	
			4	加筋土挡土墙	m^3/m	
			5	扶壁式、悬臂式挡土墙	m^3/m	
			6	桩板墙	m^3/m	
			7	浆砌片石挡土墙	m^3/m	
			8	浆砌块石挡土墙	m^3/m	
			9	浆砌护肩墙	m^3/m	
			10	浆砌(干砌)护脚	m^3/m	
				……		
		6		抗滑桩	m^3	按不同的规格划分细目
				……		
		7		冲刷防护	m^3	按不同的材料和形式划分细目
			1	浆砌片石河床铺砌	m^3	
			2	导流坝	m^3/处	
			3	驳岸	m^3/m	
			4	石笼	m^3/处	
				……		
		8		其他工程	km	根据具体情况划分细目
				……		
三				路面工程	km	
	1			路面垫层	m^2	按不同的材料分节
		1		碎石垫层	m^2	按不同的厚度划分细目
		2		砂砾垫层	m^2	按不同的厚度划分细目
				……		
	2			路面底基层	m^2	按不同的材料分节
		1		石灰稳定类底基层	m^2	按不同的厚度划分细目
		2		水泥稳定类底基层	m^2	按不同的厚度划分细目
		3		石灰粉煤灰稳定类底基层	m^2	按不同的厚度划分细目
		4		级配碎(砾)石底基层	m^2	按不同的厚度划分细目
				……		
	3			路面基层	m^2	按不同的材料分节
		1		石灰稳定类基层	m^2	按不同的厚度划分细目
		2		水泥稳定类基层	m^2	按不同的厚度划分细目
		3		石灰粉煤灰稳定类基层	m^2	按不同的厚度划分细目

续上表

项	目	节	细目	工程或费用名称	单 位	备 注
		4		级配碎(砾)石基层	m^2	按不同的厚度划分细目
		5		水泥混凝土基层	m^2	按不同的厚度划分细目
		6		沥青碎石混合料基层	m^2	按不同的厚度划分细目
				……		
	4			透层、黏层、封层	m^2	按不同的形式分节
		1		透层	m^2	
		2		黏层	m^2	
		3		封层	m^2	按不同的材料划分细目
			1	沥青表处封层	m^2	
			2	稀浆封层	m^2	
				……		
		4		单面烧毛纤维土工布	m^2	
		5		玻璃纤维格栅	m^2	
				……		
	5			沥青混凝土面层	m^2	指上面层面积
		1		粗粒式沥青混凝土面层	m^2	按不同的厚度划分细目
		2		中粒式沥青混凝土面层	m^2	按不同的厚度划分细目
		3		细粒式沥青混凝土面层	m^2	按不同的厚度划分细目
		4		改性沥青混凝土面层	m^2	按不同的厚度划分细目
		5		沥青玛蹄脂碎石混合料面层	m^2	按不同的厚度划分细目
				……		
	6			水泥混凝土面层	m^2	按不同的材料分节
		1		水泥混凝土面层	m^2	按不同的厚度划分细目
		2		连续配筋混凝土面层	m^2	按不同的厚度划分细目
		3		钢筋	t	
	7			其他面层	m^2	按不同的类型分节
		1		沥青表面处治面层	m^2	按不同的厚度划分细目
		2		沥青贯入式面层	m^2	按不同的厚度划分细目
		3		沥青上拌下贯式面层	m^2	按不同的厚度划分细目
		4		泥结碎石面层	m^2	按不同的厚度划分细目
		5		级配碎(砾)石面层	m^2	按不同的厚度划分细目
		6		天然砂砾面层	m^2	按不同的厚度划分细目
				……		
	8			路槽、路肩及中央分隔带	km	
		1		挖路槽	m^2	按不同的土质划分细目
			1	土质路槽	m^2	
			2	石质路槽	m^2	
		2		培路肩	m^2	按不同的厚度划分细目
		3		土路肩加固	m^2	按不同的加固方式划分细目
			1	现浇混凝土	m^2	
			2	铺砌混凝土预制块	m^2	
			3	浆砌片石	m^2	
				……		
		4		中央分隔带回填土	m^3	
		5		路缘石	m^3	按现浇和预制安装划分细目
				……		
	9			路面排水	km	按不同的类型分节
		1		拦水带	m	按不同的材料划分细目

续上表

项	目	节	细目	工程或费用名称	单 位	备 注
			1	沥青混凝土	m	
			2	水泥混凝土	m	
		2		排水沟	m	按不同的类型划分细目
			1	路肩排水沟	m	
			2	中央分隔带排水沟	m	
				……		
		3		排水管	m	按不同的类型划分细目
			1	纵向排水管	m	
			2	横向排水管	m/道	
				……		
		4		集水井	m^3/个	按不同的规格划分细目
				……		
四				桥梁涵洞工程	km	指桥梁长度
	1			漫水工程	m/处	
		1		过水路面	m/处	
		2		混合式过水路面	m/处	
	2			涵洞工程	m/道	按不同的结构类型分节
		1		钢筋混凝土管涵	m/道	按管径和单、双孔划分细目
			1	1—ϕ1.0m 圆管涵	m/道	
			2	1—ϕ1.5m 圆管涵	m/道	
			3	倒虹吸管	m/道	
				……		
		2		盖板涵	m/道	按不同的材料和涵径划分细目
			1	2.0m×2.0m 石盖板涵	m/道	
			2	2.0m×2.0m 钢筋混凝土盖板涵	m/道	
				……		
		3		箱涵	m/道	按不同的涵径划分细目
			1	4.0m×4.0m 钢筋混凝土箱涵	m/道	
				……		
		4		拱涵	m/道	按不同的材料和涵径划分细目
			1	4.0m×4.0m 石拱涵	m/道	
			2	4.0m×4.0m 钢筋混凝土拱涵	m/道	
				……		
	3			小桥工程	m/座	按不同的结构类型分节
		1		石拱桥	m/座	按不同的跨径划分细目
		2		钢筋混凝土矩形板桥	m/座	按不同的跨径划分细目
		3		钢筋混凝土空心板桥	m/座	按不同的跨径划分细目
		4		钢筋混凝土 T 形梁桥	m/座	按不同的跨径划分细目
		5		预应力混凝土空心板桥	m/座	按不同的跨径划分细目
				……		
	4			中桥工程	m/座	按不同的结构类型或桥名分节
		1		钢筋混凝土空心板桥	m/座	按不同的跨径或工程部位划分细目
		2		钢筋混凝土 T 形梁桥	m/座	按不同的跨径或工程部位划分细目
		3		钢筋混凝土拱桥	m/座	按不同的跨径或工程部位划分细目
		4		预应力混凝土空心板桥	m/座	按不同的跨径或工程部位划分细目
				……		
	5			大桥工程	m/座	按桥名或不同的工程部位分节
		1		××大桥	m^2/m	按不同的工程部位划分细目

续上表

项	目	节	细目	工程或费用名称	单 位	备 注
			1	天然基础	m^3	
			2	桩基础	m^3	
			3	沉井基础	m^3	
			4	桥台	m^3	
			5	桥墩	m^3	
			6	上部构造	m^3	注明上部构造跨径组成及结构形式
				……		
		2		……	m^2/m	
	6			××特大桥工程	m^2/m	按桥名分目,按不同的工程部位分节
		1		基础	m^3/座	按不同的形式划分细目
			1	天然基础	m^3	
			2	桩基础	m^3	
			3	沉井基础	m^3	
			4	承台	m^3	
				……		
		2		下部构造	m^3/座	按不同的形式划分细目
			1	桥台	m^3	
			2	桥墩	m^3	
			3	索塔	m^3	
				……		
		3		上部构造	m^3	按不同的形式划分细目,并注明其跨径组成
			1	预应力混凝土空心板	m^3	
			2	预应力混凝土T形梁	m^3	
			3	预应力混凝土连续梁	m^3	
			4	预应力混凝土连续刚构	m^3	
			5	钢管拱桥	m^3	
			6	钢箱梁	t	
			7	斜拉索	t	
			8	主缆	t	
			9	预应力钢材	t	
				……		
		4		桥梁支座	个	按不同规格划分细目
			1	矩形板式橡胶支座	dm^3	
			2	圆形板式橡胶支座	dm^3	
			3	矩形四氟板式橡胶支座	dm^3	
			4	圆形四氟板式橡胶支座	dm^3	
			5	盆式橡胶支座	个	
				……		
		5		桥梁伸缩缝	m	指伸缩缝长度,按不同规格划分细目
			1	橡胶伸缩装置	m	
			2	模数式伸缩装置	m	
			3	填充式伸缩装置	m	
				……		
		6		桥面铺装	m^3	按不同的材料划分细目
			1	沥青混凝土桥面铺装	m^3	
			2	水泥混凝土桥面铺装	m^3	
			3	水泥混凝土垫平层	m^3	

续上表

项	目	节	细目	工程或费用名称	单　位	备　注
			4	防水层	m^2	
				……		
		7		人行道系	m	指桥梁长度，按不同的类型划分细目
			1	人行道及栏杆	m^3/m	
			2	桥梁钢防撞护栏	m	
			3	桥梁波形梁护栏	m	
			4	桥梁水泥混凝土防撞墙	m	
			5	桥梁防护网	m	
				……		
		8		其他工程	m	指桥梁长度，按不同类型划分细目
			1	看桥房及岗亭	座	
			2	砌筑工程	m^3	
			3	混凝土构件装饰	m^2	
				……		
五				交叉工程	处	按不同的交叉形式分目
	1			平面交叉道	处	按不同的类型分节
		1		公路与铁路平面交叉	处	
		2		公路与公路平面交叉	处	
		3		公路与大车道平面交叉	处	
				……		
	2			通道	m/处	按结构类型分节
		1		钢筋混凝土箱式通道	m/处	
		2		钢筋混凝土板式通道	m/处	
				……		
	3			人行天桥	m/处	
		1		钢结构人行天桥	m/处	
		2		钢筋混凝土结构人行天桥	m/处	
	4			渡槽	m/处	按结构类型分节
		1		钢筋混凝土渡槽	m/处	
		2		……		
	5			分离式立体交叉	处	按交叉名称分节
		1		××分离式立体交叉	处	按不同的工程内容划分细目
			1	路基土石方	m^3	
			2	路基排水防护	m^3	
			3	特殊路基处理	km	
			4	路面	m^2	
			5	涵洞及通道	m^3/m	
			6	桥梁	m^2/m	
				……		
		2		……		
	6			××互通式立体交叉	处	按互通名称分目（注明其类型），按不同的分部工程分节
		1		路基土石方	m^3/km	
			1	清理与掘除	m^2	
			2	挖土方	m^3	
			3	挖石方	m^3	
			4	挖非适用材料	m^3	
			5	弃方运输	m^3	

续上表

项	目	节	细目	工程或费用名称	单位	备注
			6	换填土	m^3	
			7	利用土方填筑	m^3	
			8	借土方填筑	m^3	
			9	利用石方填筑	m^3	
			10	结构物台背回填	m^3	
		2		特殊路基处理	km	
			1	特殊路基垫层	m^3	
			2	预压与超载预压	m^2	
			3	袋装砂井	m	
			4	塑料排水板	m	
			5	粉喷桩与旋喷桩	m	
			6	碎石桩	m	
			7	砂桩	m	
			8	土工布	m^2	
			9	土工格栅	m^2	
			10	土工格室	m^2	
				……		
		3		排水工程	m^3	
			1	混凝土边沟、排水沟	m^3/m	
			2	砌石边沟、排水沟	m^3/m	
			3	现浇混凝土急流槽	m^3/m	
			4	浆砌片石急流槽	m^3/m	
			5	暗沟	m^3	
			6	渗(盲)沟	m^3/m	
			7	拦水带	m	
			8	排水管	m	
			9	集水井	m^3/个	
				……		
		4		防护工程	m^3	
			1	播种草籽	m^2	
			2	铺(植)草皮	m^2	
			3	土工织物植草	m^2	
			4	植生袋植草	m^2	
			5	液压喷播植草	m^2	
			6	客土喷播植草	m^2	
			7	喷混植草	m^2	
			8	现浇混凝土护坡	m^3/m^2	
			9	预制块混凝土护坡	m^3/m^2	
			10	浆砌片石护坡	m^3/m^2	
			11	浆砌块石护坡	m^3/m^2	
			12	浆砌片石骨架护坡	m^3/m^2	
			13	浆砌片石护面墙	m^3/m^2	
			14	浆砌块石护面墙	m^3/m^2	
			15	喷射混凝土护坡	m^3/m^2	
			16	现浇混凝土挡土墙	m^3/m	
			17	加筋土挡土墙	m^3/m	
			18	浆砌片石挡土墙	m^3/m	
			19	浆砌块石挡土墙	m^3/m	

续上表

项	目	节	细目	工程或费用名称	单位	备注
				……		
		5		路面工程	m^2	
			1	碎石垫层	m^2	
			2	砂砾垫层	m^2	
			3	石灰稳定类底基层	m^2	
			4	水泥稳定类底基层	m^2	
			5	石灰粉煤灰稳定类底基层	m^2	
			6	级配碎(砾)石底基层	m^2	
			7	石灰稳定类基层	m^2	
			8	水泥稳定类基层	m^2	
			9	石灰粉煤灰稳定类基层	m^2	
			10	级配碎(砾)石基层	m^2	
			11	水泥混凝土基层	m^2	
			12	透层、黏层、封层	m^2	
			13	沥青混凝土面层	m^2	
			14	改性沥青混凝土面层	m^2	
			15	沥青玛蹄脂碎石混合料面层	m^2	
			16	水泥混凝土面层	m^2	
			17	中央分隔带回填土	m^3	
			18	路缘石	m^3	
				……		
		6		涵洞工程	m/道	
			1	钢筋混凝土管涵	m/道	
			2	倒虹吸管	m/道	
			3	盖板涵	m/道	
			4	箱涵	m/道	
			5	拱涵	m/道	
		7		桥梁工程	m^2/m	
			1	天然基础	m^3	
			2	桩基础	m^3	
			3	沉井基础	m^3	
			4	桥台	m^3	
			5	桥墩	m^3	
			6	上部构造	m^3	
				……		
		8		通道	m/处	
六				隧道工程	km/座	按隧道名称分目，并注明其形式
	1			××隧道	m	按明洞、洞门、洞身开挖、衬砌等分节
		1		洞门及明洞开挖	m^3	
			1	挖土方	m^3	
			2	挖石方	m^3	
				……		
		2		洞门及明洞修筑	m^3	
			1	洞门建筑	m^3/座	
			2	明洞衬砌	m^3/m	
			3	遮光棚(板)	m^3/m	
			4	洞口坡面防护	m^3	
			5	明洞回填	m^3	

续上表

项	目	节	细目	工程或费用名称	单位	备注
				……		
		3		洞身开挖	m^3/m	
			1	挖土石方	m^3	
			2	注浆小导管	m	
			3	管棚	m	
			4	锚杆	m	
			5	钢拱架(支撑)	t/榀	
			6	喷射混凝土	m^3	
			7	钢筋网	t	
				……		
		4		洞身衬砌	m^3	
			1	现浇混凝土	m^3	
			2	仰拱混凝土	m^3	
			3	管、沟混凝土	m^3	
				……		
		5		防水与排水	m^3	
			1	防水板	m^2	
			2	止水带、条	m	
			3	压浆	m^3	
			4	排水管	m	
				……		
		6		洞内路面	m^2	按不同的路面结构和厚度划分细目
			1	水泥混凝土路面	m^2	
			2	沥青混凝土路面	m^2	
				……		
		7		通风设施	m	按不同的设施划分细目
			1	通风机安装	台	
			2	风机启动柜洞门	个	
				……		
		8		消防设施	m	按不同的设施划分细目
			1	消防室洞门	个	
			2	通道防火闸门	个	
			3	蓄(集)水池	座	
			4	喷防火涂料	m^2	
				……		
		9		照明设施	m	按不同的设施划分细目
			1	照明灯具	m	
				……		
		10		供电设施	m	按不同的设施划分细目
		11		其他工程	m	按不同的内容划分细目
			1	卷帘门	个	
			2	检修门	个	
			3	洞身及洞门装饰	m^2	
				……		
	2			××隧道	m	
七				公路设施及预埋管线工程	公路公里	
	1			安全设施	公路公里	按不同的设施分节
		1		石砌护栏	m^3/m	

续上表

项	目	节	细目	工程或费用名称	单 位	备 注
		2		钢筋混凝土防撞护栏	m^3/m	
		3		波形钢板护栏	m	按不同的形式划分细目
		4		隔离栅	km	按不同的材料划分细目
		5		防护网	km	
		6		公路标线	km	按不同的类型划分细目
		7		轮廓标	根	
		8		防眩板	m	
		9		钢筋混凝土护柱	根/m	
		10		里程碑、百米桩、公路界碑	块	
		11		各类标志牌	块	按不同的规格和材料划分细目
		12		……		
	2			服务设施	公路公里	按不同的设施分节
		1		服务区	处	按不同的内容划分细目
		2		停车区	处	按不同的内容划分细目
		3		公共汽车停靠站	处	按不同的内容划分细目
	3			管理、养护设施	公路公里	按不同的设施分节
		1		收费系统设施	处	按不同的内容划分细目
			1	设备安装	公路公里	
			2	收费亭	个	
			3	收费天棚	m^2	
			4	收费岛	个	
			5	通道	m/道	
			6	预埋管线	m	
			7	架设管线	m	
				……		
		2		通信系统设施	公路公里	按不同的内容划分细目
			1	设备安装	公路公里	
			2	管道工程	m	
			3	人(手)孔	个	
			4	紧急电话平台	个	
				……		
		3		监控系统设施	公路公里	按不同的内容划分细目
			1	设备安装	公路公里	
			2	光(电)缆敷设	km	
				……		
		4		供电、照明系统设施	公路公里	按不同的内容划分细目
			1	设备安装	公路公里	
				……		
		5		养护工区	处	按不同的内容划分细目
			1	区内道路	km	
				……		
	4			其他工程	公路公里	
			1	悬出路台	m/处	
			2	渡口码头	处	
			3	辅道工程	km	
			4	支线工程	km	
			5	公路交工前养护费	km	按附录一计算
八				绿化及环境保护工程	公路公里	

续上表

项	目	节	细目	工程或费用名称	单位	备注
	1			撒播草种和铺植草皮	m^2	按不同的内容分节
		1		撒播草种	m^2	按不同的内容划分细目
		2		铺植草皮	m^2	按不同的内容划分细目
		3		绿地喷灌管道	m	按不同的内容划分细目
	2			种植乔、灌木	株	按不同的内容分节
		1		种植乔木	株	按不同的树种划分细目
			1	高山榕	株	
			2	美人蕉	株	
				……		
		2		种植灌木	株	按不同的树种划分细目
			1	夹竹桃	株	
			2	月季	株	
				……		
		3		种植攀缘植物	株	按不同的树种划分细目
			1	爬山虎	株	
			2	葛藤	株	
				……		
		4		种植竹类植物	株	按不同的内容划分细目
		5		种植棕榈类植物	株	按不同的内容划分细目
		6		栽植绿篱	m	
		7		栽植绿色带	m^2	
	3			声屏障	m	按不同的类型分节
		1		消声板声屏障	m	
		2		吸音砖声屏障	m^3	
		3		砖墙声屏障	m^3	
				……		
	4			污水处理	处	按不同的内容分节
	5			取、弃土场防护	m^3	按不同的内容分节
				……		
九				管理、养护及服务房屋	m^2	
	1			管理房屋	m^2	
		1		收费站	m^2	
		2		管理站	m^2	
		3		……		
	2			养护房屋	m^2	按房屋名称分节
		1		……		
	3			服务房屋	m^2	按房屋名称分节
		1		……		
				第二部分　设备及工具、器具购置费	**公路公里**	
一				设备购置费	公路公里	
	1			需安装的设备	公路公里	
		1		监控系统设备	公路公里	按不同设备分别计算
		2		通信系统设备	公路公里	按不同设备分别计算
		3		收费系统设备	公路公里	按不同设备分别计算
		4		供电照明系统设备	公路公里	按不同设备分别计算
	2			不需安装的设备	公路公里	
		1		监控系统设备	公路公里	按不同设备分别计算
		2		通信系统设备	公路公里	按不同设备分别计算

续上表

项	目	节	细目	工程或费用名称	单位	备注
		3		收费系统设备	公路公里	按不同设备分别计算
		4		供电照明系统设备	公路公里	按不同设备分别计算
		5		养护设备	公路公里	按不同设备分别计算
二				工具、器具购置	公路公里	
三				办公及生活用家具购置	公路公里	
				第三部分　工程建设其他费用	**公路公里**	
一				土地征用及拆迁补偿费	公路公里	
二				建设项目管理费	公路公里	
	1			建设单位(业主)管理费	公路公里	
	2			工程质量监督费	公路公里	
	3			工程监理费	公路公里	
	4			工程定额测定费	公路公里	
	5			设计文件审查费	公路公里	
	6			竣(交)工验收试验检测费	公路公里	
三				研究试验费	公路公里	
四				建设项目前期工作费	公路公里	
五				专项评价(估)费	公路公里	
六				施工机构迁移费	公路公里	
七				供电贴费	公路公里	
八				联合试运转费	公路公里	
九				生产人员培训费	公路公里	
十				固定资产投资方向调节税	公路公里	
十一				建设期贷款利息	公路公里	
				第一、二、三部分费用合计	**公路公里**	
				预备费	元	
				1. 价差预备费	元	
				2. 基本预备费	元	预算实行包干时列系数包干费
				概(预)算总金额	**元**	
				其中:回收金额	元	
				公路基本造价	公路公里	

附录五　封面、目录及概(预)算表格样式

一、扉页的次页格式

××公路初步设计概算

(K××+×××～K××+×××)

第　　册共　　册

编制:[签字并加盖执业(从业)资格印章]
复核:[签字并加盖执业(从业)资格印章]
(编制单位)
年　　月

二、目录格式

目　录

（甲组文件）

1. 编制说明
2. 总概（预）算汇总表（01-1 表）
3. 总概（预）算人工、主要材料、机械台班数量汇总表（02-1 表）
4. 总概（预）算表（01 表）
5. 人工、主要材料、机械台班数量汇总表（02 表）
6. 建筑安装工程费计算表（03 表）
7. 其他工程费及间接费综合费率计算表（04 表）
8. 设备、工具、器具购置费计算表（05 表）
9. 工程建设其他费用及回收金额计算表（06 表）
10. 人工、材料、机械台班单价汇总表（07 表）

……

三、概（预）算表格样式

总概（预）算汇总表

建设项目名称：　　　　　　　　　　　　　　　　　　　　第　　页　共　　页　　01-1 表

项次	工程或费用名称	单位	总数量	概（预）算金额（元）				技术经济指标	各项费用比例（%）	备　注
							合计			

填表说明：1. 一个建设项目分若干单项工程编制概（预）算时，应通过本表汇总全部建设项目概（预）算金额。

2. 本表反映一个建设项目的各项费用组成、概（预）算总值和技术经济指标。

3. 本表“项次”、“工程或费用名称”、“单位”、“总数量”、“概（预）算金额”应由各单项或单位工程总概（预）算表（01 表）转来，“目”、“节”可视需要增减，“项”应保留。

4. “技术经济指标”以各项概（预）算金额汇总合计除以相应总数量计算；“各项费用比例”以汇总的各项目概（预）算金额合计除以总概（预）算金额合计计算。

编制：　　　　　　　　　　　　　　　　　　　　　　复核：

总概(预)算人工、主要材料、机械台班数量汇总表

建设项目名称：　　　　　　　　　　　　　　　　　第　　页 共　　页　02-1表

序号	规格名称	单位	总数量	编制范围									

填表说明：1. 一个建设项目分若干个单项工程编制概(预)算时，应通过本表汇总全部建设项目的人工、主要材料、机械台班数量。
2. 本表各栏数据均由各单项或单位工程概(预)算中的人工、主要材料、机械台班数量汇总表(02表)转来，“编制范围”指单项或单位工程。

编制：　　　　　　　　　　　　　　　　　　复核：

总 概 (预) 算 表

建设项目名称：
编 制 范 围：　　　　　　　　　　　　　　　　第　页　　共页　　01表

项	目	节	细目	工程或费用名称	单位	数量	概(预)算金额(元)	技术经济指标	各项费用比例(%)	备 注

填表说明：1. 本表反映一个单项或单位工程的各项费用组成、概(预)算金额、技术经济指标等。
2. 本表“项”、“目”、“节”、“细目”、“工程或费用名称”、“单位”等应按概(预)算项目表的序列及内容填写。“目”、“节”、“细目”可视需要增减，但“项”应保留。
3. “数量”、“概(预)算金额”由建筑工程费计算表(03表)，设备、工具、器具购置费计算表(05表)、工程建设其他费用及回收金额计算表(06表)转来。
4. “技术经济指标”以各项目概(预)算金额除以相应数量计算；“各项费用比例”以各项概(预)算金额除以总概(预)算金额计算。

编制：　　　　　　　　　　　　　　　　　　复核：

人工、主要材料、机械台班数量汇总表

建设项目名称：

编 制 范 围：　　　　　　　　　　　　　　　　　　　　第　页　共　页　02表

序号	规格名称	单位	总数量	分 项 统 计								场外运输损耗	
												%	数 量

填表说明：1. 本表各栏数据由分项工程概(预)算基础数据表(08表)及辅助生产工、料、机械台班单位数量表(12表)经分析计算后统计而来。

2. 发生的冬、雨季及夜间施工增工及临时设施用工，根据有关附录规定计算后列入本表有关项目内。

编制：　　　　　　　　　　　　　　　　　　　　复核：

建筑安装工程费计算表

建设项目名称：

编 制 范 围：　　　　　　　　　　　　　　　　　　　　第　页　共　页　03表

序号	工程名称	单位	工程量	直接费(元)						间接费(元)	利润(元)费率%	税金(元)综合税率%	建筑安装工程费	
				直接工程费				其他工程费	合计				合计(元)	单价(元)
				人工费	材料费	机械使用费	合计							
1	2	3	4	5	6	7	8	9	10	11	12	13	14	15

填表说明：本表各栏数据之间关系，5～7均由08表经计算转来；8＝5＋6＋7；9＝8×9的费率或(5＋7)×9的费率；10＝8＋9；11＝5×规费综合费率＋10×企业管理费综合费率；12＝(10＋11－规费)×12的费率；13＝(10＋11＋12)×综合税率；14＝10＋11＋12＋13；15＝14÷4。

编制：　　　　　　　　　　　　　　　　　　　　复核：

其他工程费及间接费综合费率计算表

建设项目名称：

编 制 范 围：　　　　　　　　　　　　　　　　第　页　共　页　04表

序号	工程类别	其他工程费费率(%)													间接费费率(%)											
		冬季施工增加费	雨季施工增加费	夜间施工增加费	高原地区施工增加费	风沙地区施工增加费	沿海地区施工增加费	行车干扰工程施工增加费	安全及文明施工措施费	临时设施费	施工辅助费	工地转移费	综合费率		规费						企业管理费					
													I	II	养老保险费	失业保险费	医疗保险费	住房公积金	工伤保险费	综合费率	基本费用	主副食运费补贴	职工探亲路费	职工取暖补贴	财务费用	综合费率
1	2	3	4	5	6	7	8	9	10	11	12	13	14	15	16	17	18	19	20	21	22	23	24	25	26	27

填表说明：本表应根据建设工程项目具体情况，按概(预)算编制办法有关规定填入数据计算。其中：14=3+4+5+8+10+11+12+13；15=6+7+9；21=16+17+18+19+20；27=22+23+24+25+26。

编制：　　　　　　　　　　　　　　　　　　复核：

设备、工具、器具购置费计算表

建设项目名称：

编 制 范 围：　　　　　　　　　　　　　　　　第　页　共　页　05表

序号	设备、工具、器具规格名称	单位	数量	单价(元)	金额(元)	说　明

填表说明：本表应根据具体的设备、工具、器具购置清单进行计算，包括设备规格、单位、数量、单价以及需要说明的有关问题。

编制：　　　　　　　　　　　　　　　　　　复核：

工程建设其他费用及回收金额计算表

建设项目名称：

编 制 范 围：　　　　　　　　　　　　　　第 页 共 页 06表

序号	费用名称及回收金额项目	说明及计算式	金额(元)	备 注

填表说明：本表应按具体发生的工程建设其他费用项目填写，需要说明和具体计算的费用项目依次相应在说明及计算式栏内填写或具体计算，各项费用具体填写如下：

1. 土地征用及拆迁补偿费应填写土地补偿单价、数量和安置补助费标准、数量等，列式计算所需费用，填入金额栏。
2. 建设项目管理费包括建设单位(业主)管理费、工程质量监督费、工程监理费、工程定额测定费、设计文件审查费、竣(交)工验收试验检测费，按"建筑安装工程费×费率"或有关定额列式计算。
3. 研究试验费应根据设计需要进行研究试验的项目分别填写项目名称及金额，或列式计算或进行说明。
4. 建设项目前期工作费按国家有关规定填入本表，列式计算。
5. 其余有关工程建设其他费用的填入和计算方法，根据规定依此类推。

编制：　　　　　　　　　　　　　　　　　　复核：

人工、材料、机械台班单价汇总表

建设项目名称：

编 制 范 围：　　　　　　　　　　　　　　第 页 共 页 07表

序号	名称	单位	代号	预算单价(元)	备注	序号	名称	单位	代号	预算单价(元)	备注

填表说明：本表预算单价主要由材料预算单价计算表(09表)和机械台班单价计算表(11表)转来。

编制：　　　　　　　　　　　　　　　　　　复核：

目　录
(乙组文件)

建筑安装工程费计算数据表

建设项目名称：　　　　编制范围：　　　　数据文件编号：　　　　公路等级：

路线或桥梁长度(km)：　　　　路基或桥梁宽度(m)：　　　　第　　页　共　　页　　08-1 表

项的代号	本项目数	目的代号	本目节数	节的代号	本节细目数	细目的代号	费率编号	定额个数	定额代号	项或目或节或细目或定额的名称	单位	数量		定额调整情况

填表说明：1. 本表应逐行从左到右横向跨栏填写。

2. "项"、"目"、"节"、"细目"、"定额"等的代号应根据实际需要按本办法附录四"概、预算项目表"及现行《公路工程概算定额》(JTG/T B06-01)、《公路工程预算定额》(JTG/T B06-02)的序列及内容填写。

3. 本表主要是为利用计算机软件编制概、预算提供基础数据，具体填表规则由软件用户手册详细制定。

编制：　　　　　　　　　　　　复核：

分项工程概(预)算表

编制范围：

工程名称：　　　　第　　页　共　　页　　08-2 表

编号	工程项目												合计	
	工程细目													
	定额单位													
	工程数量													
	定额表号													
	工、料、机名称	单位	单价(元)	定额	数量	金额(元)	定额	数量	金额(元)	定额	数量	金额(元)	数量	金额(元)
1	人工	工日												
2	……													
	定额基价	元												
	直接工程费	元												
	其他工程费 I	元												
	其他工程费 II	元												
	间接费 规费	元												
	间接费 企业管理费	元												
	利润及税金	元												
	建筑安装工程费	元												

填表说明：1. 本表按具体分项工程项目数量、对应概(预)算定额子目填写，单价由 07 表转来，金额＝工、料、机各项的单价×定额×数量。

2. 其他工程费按相应项目的直接工程费或人工费与施工机械使用费之和×规定费率计算。

3. 规费按相应项目的人工费×规定费率计算。

4. 企业管理费按相应项目的直接费×规定费率计算。

5. 利润按相应项目的(直接费＋间接费－规费)×利润率计算。

6. 税金按相应项目的(直接费＋间接费＋利润)×税率计算。

编制：　　　　　　　　　　　　复核：

材料预算单价计算表

建设项目名称：

编 制 范 围： 第 页 共 页 09表

序号	规格名称	单位	原价（元）	运杂费					原价运费合计（元）	场外运输损耗		采购及保管费		预算单价（元）
				供应地点	运输方式、比重及运距	毛重系数或单位毛重	运杂费构成说明或计算式	单位运费（元）		费率（%）	金额（元）	费率（%）	金额（元）	

填表说明：1. 本表计算各种材料自供应地点或料场至工地的全部运杂费与材料原价及其他费用组成预算单价。
2. 运输方式按火车、汽车、船舶等及所占运输比重填写。
3. 毛重系数、场外运输损耗、采购及保管费按规定填写。
4. 根据材料供应地点、运输方式、运输单价、毛重系数等，通过运杂费构成说明或计算式，计算得出材料单位运费。
5. 材料原价与单位运费、场外运输损耗、采购及保管费组成材料预算单价。

编制： 复核：

自采材料料场价格计算表

建设项目名称：

编 制 范 围： 第 页 共 页 10表

序号	定额号	材料规格名称	单位	料场价格（元）	人工（工日）单价 （元）		间接费（元）（占人工费 %）	（ ）单价 （元）		（ ）单价 （元）		（ ）单价 （元）		（ ）单价 （元）	
					定额	金额		定额	金额	定额	金额	定额	金额	定额	金额

填表说明：1. 本表主要用于分析计算自采材料料场价格，应将选用的定额人工、材料、机械台班数量全部列出，包括相应的工、料、机单价。
2. 材料规格用途相同而生产方式（如人工捶碎石、机械轧碎石）不同时，应分别计算单价，再以各种生产方式所占比重根据合计价格加权平均计算料场价格。
3. 定额中机械台班有调整系数时，应在本表内计算。

编制： 复核：

机械台班单价计算表

建设项目名称：

编 制 范 围：　　　　　　　　　　　　　　　　　　　第　页　共　页　11表

序号	定额号	机械规格名称	台班单价(元)	不变费用(元)		可变费用(元)								合计
				调整系数：		人工：(元/工日)		汽油：(元/kg)		柴油：(元/kg)		……		
				定额	调整值	定额	金额	定额	金额	定额	金额	定额	金额	

填表说明：1. 本表应根据公路工程机械台班费用定额进行计算。不变费用如有调整系数，应填入调整值；可变费用各栏填入定额数量。

2. 人工、动力燃料的单价由材料预算单价计算表(09表)中转来。

编制：　　　　　　　　　　　　　　　　　　　　　　复核：

辅助生产工、料、机械台班单位数量表

建设项目名称：

编 制 范 围：　　　　　　　　　　　　　　　　　　　第　页　共　页　12表

序号	规格名称	单位	人工(工日)						

填表说明：本表各栏数据由自采材料料场价格计算表(10表)统计而来。

编制：　　　　　　　　　　　　　　　　　　　　　　复核：

附录六 设备与材料的划分标准

工程建设设备与材料的划分，直接关系到投资构成的合理划分、概(预)算的编制以及施工产值的计算等方面，为合理确定工程造价，加强对建设过程投资管理，统一概(预)算编制口径，现对交通工程中设备与材料的划分提出如下划分原则和规定。本规定如与国家主管部门新颁布的规定相抵触时，按国家规定执行。

一、设备与材料的划分原则

(1)凡是经过加工制造，由多种材料和部件按各自用途组成生产加工、动力、传送、储存、运输、科研等功能的机器、容器和其他机械、成套装置等均为设备。

设备分为标准设备和非标准设备。

标准设备(包括通用设备和专用设备)：是指按国家规定的产品标准批量生产的、已进入设备系列的设备。

非标准设备：是指国家未定型、非批量生产的、由设计单位提供制造图纸，委托承制单位或施工企业在工厂或施工现场制作的设备。

设备一般包括以下各项：

①各种设备的本体及随设备到货的配件、备件和附属于设备本体制作成型的梯子、平台、栏杆及管道等。

②各种计量器、仪表及自动化控制装置、实验的仪器及属于设备本体部分的仪器仪表等。

③附属于设备本体的油类、化学药品等设备的组成部分。

④无论用于生产或生活或附属于建筑物的水泵、锅炉及水处理设备、电气、通风设备等。

(2)为完成建筑、安装工程所需的原料和经过工业加工在工艺生产过程中不起单元工艺生产用的设备本体以外的零配件、附件、成品、半成品等均为材料。

材料一般包括以下各项：

①设备本体以外的不属于设备配套供货，需由施工企业进行加工制作或委托加工的平台、梯子、栏杆及其他金属构件等，以及成品、半成品形式供货的管道、管件、阀门、法兰等。

②设备本体以外的各种行车轨道、滑触线、电梯的滑轨等均为材料。

二、设备与材料的划分界限

1.设备。

(1)通信系统。

市内、长途电话交换机、程控电话交换机、微波、载波通信设备，电报和传真设备，中、短波通信设备及中短波电视天馈线装置，移动通信设备、卫星地球站设备，通信电源设备，光纤通信数字设备，有线广播设备等各种生产及配套设备和随机附件等。

(2)监控和收费系统。

自动化控制装置、计算机及其终端、工业电视、检测控制装置、各种探测器、除尘设备、分析仪表、显示仪表、基地式仪表、单元组合仪表、变送器、传送器及调节阀、盘上安装器、压力、温度、流量、差压、物位仪表，成套供应的盘、箱、柜、屏(包括箱和已经安装就位的仪表、元件等)及随主机配套供应的仪表等。

(3)电气系统。

各种电力变压器、互感器、调压器、感应移相器、电抗器、高压断路器、高压熔断器、稳压器、电源调整器、高压隔离开关、装置式空气开关、电力电容器、蓄电池、磁力启动器、交直流报警器、成套箱式变电站、共箱母线、封密式母线槽、成套供应的箱、盘、柜、屏及其随设备带来的母线和支持瓷瓶等。

(4)通风及管道系统。

空气加热器、冷却器、各种空调机、风尘管、过滤器、制冷机组、空调机组、空调器、各类风机、除尘设备、风机盘管、净化工作台、风淋室、冷却塔、公称直径 300mm 以上的人工阀门和电动阀门等。

(5)房屋建筑。

电梯、成套或散装到货的锅炉及其附属设备、汽轮发电机及其附属设备、电动机、污水处理装置、电子秤、地中衡、开水炉、冷藏箱，热力系统的除氧器水箱和疏水箱，工业水系统的工业水箱，油冷却系统的油箱，酸碱系统的酸碱储存槽，循环水系统的旋转滤网、启闭装置的启闭机等。

(6)消防及安全系统。

隔膜式气压水罐(气压罐)、泡沫发生器、比例混合器、报警控制器、报警信号前端传输设备、无线报警发送设备、报警信号接收机、可视对讲主机、联动控制器、报警联动一体机、重复显示器、远程控制器、消防广播控制柜、广播功放、录音机、广播分配器、消防通信电话交换机、消防报警备用电源、X 射线安全检查设备、金属武器探测门、摄像设备、监视器、镜头、云台、控制台、监视器柜、支台控制器、视频切换器、全电脑视频切换设备、音频、视频、脉冲分配器、视频补偿器、视频传输设备、汉字发生设备、录像、录音设备、电源、CRT 显示终端、模拟盘等。

(7)炉窑砌筑。

装置在炉窑中的成品炉管、电机、鼓风机和炉窑传动、提升装置，属于炉窑本体的金属铸体、锻件、加工件及测温装置、仪器仪表、消烟、回收、除尘装置，随炉供应已安装就位的金具、耐火衬里、炉体金属预埋件等。

(8)各种机动车辆。

(9)各种工艺设备在试车时必须填充的一次性填充材料(如各种瓷环、钢环、塑料环、钢球等)，各种化学药品(如树脂、珠光砂、触煤、干燥剂、催化剂等)及变压器油等，不论是随设备带来的，还是单独订货购置的，均视为设备的组成部分。

2. 材料。

(1)各种管道、管件、配件、公称直径 300mm 以内的人工阀门、水表、防腐保温及绝缘材料、油漆、支架、消火栓、空气泡沫枪、泡沫炮、灭火器、灭火机、灭火剂、泡沫液、水泵接合器、可曲橡胶接头、消防喷头、卫生器具、钢制排水漏斗、水箱、分气缸、疏水器、减压器、压力表、温度计、调压板、散热器、供暖器具、凝结水箱、膨胀水箱、冷热水混合器、除污器、分水缸(器)、各种风管及其附件和各种调节阀、风口、风帽、罩类、消声器及其部(构)件、散流器、保护壳、风机减震台座、减震器、凝结水收集器、单双人焊接装置、煤气灶、煤气表、烘箱灶、火管式沸水器、水型热水器、开关、引火棒、防雨帽、放散管拉紧装置等。

(2)各种电线、母线、绞线、电缆、电缆终端头、电缆中间头、吊车滑触线、接地母线,接地极、避雷线、避雷装置(包括各种避雷器、避雷针等)、高低压绝缘子、线夹、穿墙套管、灯具、开关、灯头盒、开关盒、接线盒、插座、闸盒保险器、电杆、横担、铁塔、各种支架、仪表插座、桥架、梯架、立柱、托臂、人孔手孔、挂墙照明配电箱、局部照明变压器、按钮、行程开关、刀闸开关、组合开关、转换开关、铁壳开关、电扇、电铃、电表、蜂鸣器、电笛、信号灯、低音扬声器、电话单机、容断器等。

(3)循环水系统的钢板闸门及拦污栅、启闭构架等。

(4)现场制作与安装的炉管及其他所需的材料或填料、现场砌筑用的耐火、耐酸、保温、防腐、捣打料、绝热纤维、天然白泡石、玄武岩、金具、炉门及窥视孔、预埋件等。

(5)所有随管线(路)同时组合安装的一次性仪表、配件、部件及元件(包括就地安装的温度计、压力表)等。

(6)制造厂以散件或分段分片供货的塔、器、罐等,在现场拼接、组装、焊接、安装内件或改制时所消耗的物料均为材料。

(7)各种金属材料、金属制品、焊接材料、非金属材料、化工辅助材料、其他材料等。

3.对于一些在制造厂未整体制作完成的设备,或分片压制成型,或分段散装供货的设备,需要建筑安装工人在施工现场加工、拼装、焊接的,按上述划分原则和其投资构成应属于设备购置费。为合理反映建筑安装工人付出的劳动和创造的价值,可按其在现场加工组装焊接的工作量,将其分片或组装件按其设备价值的一部分以加工费的形式计入安装工程费内。

4.供应原材料,在施工现场制作安装或施工企业附属生产单位为本单元承包工程制作并安装的非标准设备,除配套的电机、减速机外,其加工制作消耗的工、料(包括主材)、机等均应计入安装工程费内。

5.凡是制造厂未制造完成的设备,已分片压制成型、散装或分段供货,需要建筑安装工人在施工现场拼装、组装、焊接及安装内件的,其制作、安装所需的物料为材料,内件、塔盘为设备。

附录七　全国冬季施工气温区划分表

全国冬季施工气温区划分表

省、自治区、直辖市	地区、市、自治州、盟(县)	气温区	
北京	全境	冬二	Ⅰ
天津	全境	冬二	Ⅰ
河北	石家庄、邢台、邯郸、衡水市(冀州市、枣强县、故城县)	冬一	Ⅱ
	廊坊、保定(涞源县及以北除外)、衡水(冀州市、枣强县、故城县除外)、沧州市	冬二	Ⅰ
	唐山、秦皇岛市		Ⅱ
	承德(围场县除外)、张家口(沽源县、张北县、尚义县、康保县除外)、保定市(涞源县及以北)	冬三	
	承德(围场县)、张家口市(沽源县、张北县、尚义县、康保县)	冬四	
山西	运城市(万荣县、夏县、绛县、新绛县、稷山县、闻喜县除外)	冬一	Ⅱ
	运城(万荣县、夏县、绛县、新绛县、稷山县、闻喜县)、临汾(尧都区、侯马市、曲沃县、翼城县、襄汾县、洪洞县)、阳泉(盂县除外)、长治(黎城县)、晋城市(城区、泽州县、沁水县、阳城县)	冬二	Ⅰ
	太原(娄烦县除外)、阳泉(盂县)、长治(黎城县除外)、晋城(城区、泽州县、沁水县,阳城县除外)、晋中(寿阳县、和顺县、左权县除外)、临汾(尧都区、侯马市、曲沃县、翼城县、襄汾县、洪洞县除外)、吕梁市(孝义市、汾阳市、文水县、交城县、柳林县、石楼县、交口县、中阳县)		Ⅱ
	太原(娄烦县)、大同(左云县除外)、朔州(右玉县除外)、晋中(寿阳县、和顺县、左权县)、忻州、吕梁市(离石区、临县、岚县、方山县、兴县)	冬三	
	大同(左云县)、朔州市(右玉县)	冬四	
内蒙古	乌海市,阿拉善盟(阿拉善左旗、阿拉善右旗)	冬二	Ⅰ
	呼和浩特(武川县除外)、包头(固阳县除外)、赤峰、鄂尔多斯、巴彦淖尔、乌兰察布市(察哈尔右翼中旗除外),阿拉善盟(额济纳旗)	冬三	
	呼和浩特(武川县)、包头(固阳县)、通辽、乌兰察布市(察哈尔右翼中旗),锡林郭勒(苏尼特右旗、多伦县)、兴安盟(阿尔山市除外)	冬四	
	呼伦贝尔市(海拉尔区、新巴尔虎右旗、阿荣旗),兴安(阿尔山市)、锡林郭勒盟(冬四区以外各地)	冬五	
	呼伦贝尔市(冬五区以外各地)	冬六	
辽宁	大连(瓦房店市、普兰店市、庄河市除外)、葫芦岛市(绥中县)	冬二	Ⅰ
	沈阳(康平县、法库县除外)、大连(瓦房店市、普兰店市、庄河市)、鞍山、本溪(桓仁县除外)、丹东、锦州、阜新、营口、辽阳、朝阳(建平县除外)、葫芦岛(绥中县除外)、盘锦市	冬三	
	沈阳(康平县、法库县)、抚顺、本溪(桓仁县)、朝阳(建平县)、铁岭市	冬四	

续上表

省、自治区、直辖市	地区、市、自治州、盟(县)	气温区	
吉林	长春(榆树市除外)、四平、通化(辉南县除外)、辽源、白山(靖宇县、抚松县、长白县除外)、松原(长岭县)、白城市(通榆县),延边自治州(敦化市、汪清县、安图县除外)	冬四	
	长春(榆树市)、吉林、通化(辉南县)、白山(靖宇县、抚松县、长白县)、白城(通榆县除外)、松原市(长岭县除外),延边自治州(敦化市、汪清县、安图县)	冬五	
黑龙江	牡丹江市(绥芬河市、东宁县)	冬四	
	哈尔滨(依兰县除外)、齐齐哈尔(讷河市、依安县、富裕县、克山县、克东县、拜泉县除外)、绥化(安达市、肇东市、兰西县)、牡丹江(绥芬河市、东宁县除外)、双鸭山(宝清县)、佳木斯(桦南县)、鸡西、七台河、大庆市	冬五	
	哈尔滨(依兰县)、佳木斯(桦南县除外)、双鸭山(宝清县除外)、绥化(安达市、肇东市、兰西县除外)、齐齐哈尔(讷河市、依安县、富裕县、克山县、克东县、拜泉县)、黑河、鹤岗、伊春市,大兴安岭地区	冬六	
上海	全境	准二	
江苏	徐州、连云港市	冬一	I
	南京、无锡、常州、淮安、盐城、宿迁、扬州、泰州、南通、镇江、苏州市	准二	
浙江	杭州、嘉兴、绍兴、宁波、湖州、衢州、舟山、金华、温州、台州、丽水市	准二	
安徽	亳州市	冬一	I
	阜阳、蚌埠、淮南、滁州、合肥、六安、马鞍山、巢湖、芜湖、铜陵、池州、宣城、黄山市	准一	
	淮北、宿州市	准二	
福建	宁德(寿宁县、周宁县、屏南县)、三明市	准一	
江西	南昌、萍乡、景德镇、九江、新余、上饶、抚州、宜春市	准一	
山东	全境	冬一	I
河南	安阳、商丘、周口(西华县、淮阳县、鹿邑县、扶沟县、太康县)、新乡、三门峡、洛阳、郑州、开封、鹤壁、焦作、济源、濮阳、许昌市	冬一	I
	驻马店、信阳、南阳、周口(西华县、淮阳县、鹿邑县、扶沟县、太康县除外)、平顶山、漯河市	准二	
湖北	武汉、黄石、荆州、荆门、鄂州、宜昌、咸宁、黄岗、天门、潜江、仙桃市,恩施自治州	准一	
	孝感、十堰、襄樊、随州市,神农架林区	准二	
湖南	全境	准一	
四川	阿坝(黑水县)、甘孜自治州(新龙县、道孚县、泸定县)	冬一	II
	甘孜自治州(甘孜县、康定县、白玉县、炉霍县)	冬二	I
	阿坝(壤塘县、红原县、松潘县)、甘孜自治州(德格县)		II
	阿坝(阿坝县、若尔盖县、九寨沟县)、甘孜自治州(石渠县、色达县)	冬三	
	广元市(青川县),阿坝(汶川县、小金县、茂县、理县)、甘孜(巴塘县、雅江县、得荣县、九龙县、理塘县、乡城县、稻城县)、凉山自治州(盐源县、木里县)	准一	
	阿坝(马尔康县、金川县)、甘孜白治州(丹巴县)	准二	

续上表

省、自治区、直辖市	地区、市、自治州、盟(县)	气温区	
贵州	贵阳、遵义(赤水市除外)、安顺市,黔东南、黔南、黔西南自治州	准一	
	六盘水市,毕节地区	准二	
云南	迪庆自治州(德钦县、香格里拉县)	冬一	II
	曲靖(宣威市、会泽县)、丽江(玉龙县、宁蒗县)、昭通市(昭阳区、大关县、威信县、彝良县、镇雄县、鲁甸县),迪庆(维西县)、怒江(兰坪县)、大理自治州(剑川县)	准一	
西藏	拉萨市(当雄县除外),日喀则(拉孜县)、山南(浪卡子县、错那县、隆子县除外)、昌都(芒康县、左贡县、类乌齐县、丁青县、洛隆县除外)、林芝地区	冬一	I
	山南(隆子县)、日喀则地区(定日县、聂拉木县、亚东县、拉孜县除外)	冬一	II
	昌都地区(洛隆县)	冬二	I
	昌都(芒康县、左贡县、类乌齐县、丁青县)、山南(浪卡子县)、日喀则(定日县、聂拉木县)、阿里地区(普兰县)	冬二	II
	拉萨市(当雄县),那曲(安多县除外)、山南(错那县)、日喀则(亚东县)、阿里地区(普兰县除外)	冬三	
	那曲地区(安多县)	冬四	
陕西	西安、宝鸡、渭南、咸阳(彬县、旬邑县、长武县除外)、汉中(留坝县、佛坪县)、铜川市(耀州区)	冬一	I
	铜川(印台区、王益区)、咸阳市(彬县、旬邑县、长武县)	冬一	II
	延安(吴起县除外)、榆林(清涧县)、铜川市(宜君县)	冬二	II
	延安(吴起县)、榆林市(清涧县除外)	冬三	
	商洛、安康、汉中市(留坝县、佛坪县除外)	准二	
甘肃	陇南市(两当县、徽县)	冬一	II
	兰州、天水、白银(会宁县、靖远县)、定西、平凉、庆阳、陇南市(西和县、礼县、宕昌县),临夏、甘南自治州(舟曲县)	冬二	II
	嘉峪关、金昌、白银(白银区、平川区、景泰县)、酒泉、张掖、武威市,甘南自治州(舟曲县除外)	冬三	
	陇南市(武都区、文县)	准一	
	陇南市(成县、康县)	准二	
青海	海东地区(民和县)	冬二	II
	西宁市,海东地区(民和县除外),黄南(泽库县除外)、海南、果洛(班玛县、达日县、久治县)、玉树(囊谦县、杂多县、称多县、玉树县)、海西自治州(德令哈市、格尔木市、都兰县、乌兰县)	冬三	
	海北(野牛沟、托勒除外)、黄南(泽库县)、果洛(玛沁县、甘德县、玛多县)、玉树(曲麻莱县、治多县)、海西自治州(冷湖、茫崖、大柴旦、天峻县)	冬四	
	海北(野牛沟、托勒)、玉树(清水河)、海西自治州(唐古拉山区)	冬五	
宁夏	全境	冬二	II

续上表

省、自治区、直辖市	地区、市、自治州、盟（县）	气温区	
新疆	阿拉尔市，喀什（喀什市、伽师县、巴楚县、英吉沙县、麦盖提县、莎车县、叶城县、泽普县）、哈密（哈密市泌城镇）、阿克苏（沙雅县、阿瓦提县）、和田地区，伊犁（伊宁市、新源县、霍城县霍尔果斯镇）、巴音郭楞（库尔勒市、若羌县、且末县、尉犁县铁干里可）、克孜勒苏自治州（阿图什市、阿克陶县）	冬二	I
	喀什地区（岳普湖县）		II
	乌鲁木齐市（牧业气象试验站、达坂城区、乌鲁木齐县小渠子乡），塔城（乌苏市、沙湾县、额敏县除外）、阿克苏（沙雅县、阿瓦提县除外）、哈密（哈密市十三间房、哈密市红柳河、伊吾县淖毛湖）、喀什（塔什库尔干县）、吐鲁番地区，克孜勒苏（乌恰县、阿合奇县）、巴音郭楞（和静县、焉耆县、和硕县、轮台县、尉犁县、且末县塔中）、伊犁自治州（伊宁市、霍城县、察布查尔县、尼勒克县、巩留县、昭苏县、特克斯县）	冬三	
	乌鲁木齐市（冬三区以外各地），塔城（额敏县、乌苏县）、阿勒泰（阿勒泰市、哈巴河县、吉木乃县）、哈密地区（巴里坤县），昌吉（昌吉市、米泉市、木垒县、奇台县北塔山镇、阜康市天池）、博尔塔拉（温泉县、精河县、阿拉山口口岸）、克孜勒苏自治州（乌恰县吐尔尕特口岸）	冬四	
	克拉玛依、石河子市，塔城（沙湾县）、阿勒泰地区（布尔津县、福海县、富蕴县、青河县），博尔塔拉（博乐市）、昌吉（阜康市、玛纳斯县、呼图壁县、吉木萨尔县、奇台县、米泉市蔡家湖）、巴音郭楞自治州（和静县巴音布鲁克乡）	冬五	

注：表中行政区划以 2006 年地图出版社出版的《中华人民共和国行政区划简册》为准。为避免繁冗，各民族自治州名称予以简化，如青海省的“海西蒙古族藏族自治州”简化为“海西自治州”。

附录八　全国雨季施工雨量区及雨季期划分表

全国雨季施工雨量区及雨季期划分表

省、自治区、直辖市	地区、市、自治州、盟(县)	雨量区	雨季期(月数)
北京	全境	II	2
天津	全境	I	2
河北	张家口、承德市(围场县)	I	1.5
	承德(围场县除外)、保定、沧州、石家庄、廊坊、邢台、衡水、邯郸、唐山、秦皇岛市	II	2
山西	全境	I	1.5
内蒙古	呼和浩特、通辽、呼伦贝尔(海拉尔区、满洲里市、陈巴尔虎旗、鄂温克旗)、鄂尔多斯(东胜区、准格尔旗、伊金霍洛旗、达拉特旗、乌审旗)、赤峰、包头、乌兰察布市(集宁区、化德县、商都县、兴和县、四子王旗、察哈尔右翼中旗、察哈尔右翼后旗、卓资县及以南),锡林郭勒盟(锡林浩特市、多伦县、太仆寺旗、西乌珠穆沁旗、正蓝旗、正镶白旗)	I	1
	呼伦贝尔市(牙克石市、额尔古纳市、鄂伦春旗、扎兰屯市及以东),兴安盟		2
辽宁	大连(长海县、瓦房店市、普兰店市、庄河市除外)、朝阳市(建平县)	I	2
	沈阳(康平县)、大连(长海县)、锦州(北宁市除外)、营口(盖州市)、朝阳市(凌原市、建平县除外)		2.5
	沈阳(康平县、辽中县除外)、大连(瓦房店市)、鞍山(海城市、台安县、岫岩县除外)、锦州(北宁市)、阜新、朝阳(凌原市)、盘锦、葫芦岛(建昌县)、铁岭市		3
	抚顺(新宾县)、辽阳市		3.5
	沈阳(辽中县)、鞍山(海城市、台安县)、营口(盖州市除外)、葫芦岛市(兴城市)	II	2.5
	大连(普兰店市)、葫芦岛市(兴城市、建昌县除外)		3
	大连(庄河市)、鞍山(岫岩县)、抚顺(新宾县除外)、丹东(凤城市、宽甸县除外)、本溪市		3.5
	丹东市(凤城市、宽甸县)		4
吉林	辽源、四平(双辽市)、白城、松原市	I	2
	吉林、长春、四平(双辽市除外)、白山市,延边自治州	II	2
	通化市		3
黑龙江	哈尔滨(市区、呼兰区、五常市、阿城市、双城市)、佳木斯(抚远县)、双鸭山(市区、集贤县除外)、齐齐哈尔(拜泉县、克东县除外)、黑河(五大连池市、嫩江县)、绥化(北林区、海伦市、望奎县、绥棱县、庆安县除外)、牡丹江、大庆、鸡西、七台河市,大兴安岭地区(呼玛县除外)	I	2
	哈尔滨(市区、呼兰区、五常市、阿城市、双城市除外)、佳木斯(抚远县除外)、双鸭山(市区、集贤县)、齐齐哈尔(拜泉县、克东县)、黑河(五大连池市、嫩江县除外)、绥化(北林区、海伦市、望奎县、绥棱县、庆安县)、鹤岗、伊春市,大兴安岭地区(呼玛县)	II	2

续上表

省、自治区、直辖市	地区、市、自治州、盟(县)	雨量区	雨季期(月数)
上海	全境	II	4
江苏	徐州、连云港市	II	2
	盐城市		3
	南京、镇江、淮安、南通、宿迁、扬州、常州、泰州市		4
	无锡、苏州市		4.5
浙江	舟山市	II	4
	嘉兴、湖州市		4.5
	宁波、绍兴市		6
	杭州、金华、温州、衢州、台州、丽水市		7
安徽	亳州、淮北、宿州、蚌埠、淮南、六安、合肥市	II	1
	阜阳市		2
	滁州、巢湖、马鞍山、芜湖、铜陵、宣城市		3
	池州市		4
	安庆、黄山市		5
福建	泉州市(惠安县崇武)	I	4
	福州(平潭县)、泉州(晋江市)、厦门(同安区除外)、漳州市(东山县)		5
	三明(永安市)、福州(市区、长乐市)、莆田市(仙游县除外)		6
	南平(顺昌县除外)、宁德(福鼎市、霞浦县)、三明(永安市、尤溪县、大田县除外)、福州(市区、长乐市、平潭县除外)、龙岩(长汀县、连城县)、泉州(晋江市、惠安县崇武、德化县除外)、莆田(仙游县)、厦门(同安区)、漳州市(东山县除外)	II	7
	南平(顺昌县)、宁德(福鼎市、霞浦县除外)、三明(尤溪县、大田县)、龙岩(长汀县、连城县除外)、泉州市(德化县)		8
江西	南昌、九江、吉安市	II	6
	萍乡、景德镇、新余、鹰潭、上饶、抚州、宜春、赣州市		7
山东	济南、潍坊、聊城市	I	3
	淄博、东营、烟台、济宁、威海、德州、滨州市		4
	枣庄、泰安、莱芜、临沂、菏泽市		5
	青岛市	II	3
	日照市		4
河南	郑州、许昌、洛阳、济源、新乡、焦作、三门峡、开封、濮阳、鹤壁市	I	2
	周口、驻马店、漯河、平顶山、安阳、商丘市		3
	南阳市		4
	信阳市	II	2

续上表

省、自治区、直辖市	地区、市、自治州、盟（县）	雨量区	雨季期（月数）
湖北	十堰、襄樊、随州市，神农架林区	Ⅰ	3
	宜昌（秭归县、远安县、兴山县）、荆门市（钟祥市、京山县）	Ⅱ	2
	武汉、黄石、荆州、孝感、黄岗、咸宁、荆门（钟祥市、京山县除外）、天门、潜江、仙桃、鄂州、宜昌市（秭归县、远安县、兴山县除外），恩施自治州		6
湖南	全境	Ⅱ	6
广东	茂名、中山、汕头、潮州市	Ⅰ	5
	广州、江门、肇庆、顺德、湛江、东莞市		6
	珠海市	Ⅱ	5
	深圳、阳江、汕尾、佛山、河源、梅州、揭阳、惠州、云浮、韶关市		6
	清远市		7
广西	百色、河池、南宁、崇左市	Ⅱ	5
	桂林、玉林、梧州、北海、贵港、钦州、防城港、贺州、柳州、来宾市		6
海南	全境	Ⅱ	6
重庆	全境	Ⅱ	4
四川	甘孜自治州（巴塘县）	Ⅰ	1
	阿坝（若尔盖县）、甘孜自治州（石渠县）		2
	乐山（峨边县）、雅安市（汉源县），甘孜自治州（甘孜县、色达县）		3
	雅安（石棉县）、绵阳（平武县）、泸州（古蔺县）、遂宁市，阿坝（若尔盖县、汶川县除外）、甘孜自治州（巴塘县、石渠县、甘孜县、色达县、九龙县、得荣县除外）		4
	南充（高坪区）、资阳市（安岳县）		5
	宜宾市（高县），凉山自治州（雷波县）	Ⅱ	3
	成都、乐山（峨边县、马边县除外）、德阳、南充（南部县）、绵阳（平武县除外）、资阳（安岳县除外）、广元、自贡、攀枝花、眉山市，凉山（雷波县除外）、甘孜自治州（九龙县）		4
	乐山（马边县）、南充（高坪区、南部县除外）、雅安（汉源县、石棉县除外）、广安（邻水县除外）、巴中、宜宾（高县除外）、泸州（古蔺县除外）、内江市		5
	广安（邻水县）、达州市		6
贵州	贵阳、遵义市，毕节地区	Ⅱ	4
	安顺市，铜仁地区，黔东南自治州		5
	黔西南自治州		6
	黔南自治州		7

续上表

省、自治区、直辖市	地区、市、自治州、盟(县)	雨量区	雨季期(月数)
云南	昆明(市区、嵩明县除外)、玉溪、曲靖(富源县、师宗县、罗平县除外)、丽江(宁蒗县、永胜县)、思茅(墨江县)、昭通市,怒江(兰坪县、泸水县六库镇)、大理(大理市、漾濞县除外)、红河(个旧市、开远市、蒙自县、红河县、石屏县、建水县、弥勒县、泸西县)、迪庆、楚雄自治州	I	5
	保山(腾冲县、龙陵县除外)、临沧市(凤庆县、云县、永德县、镇康县),怒江(福贡县、泸水县)、红河自治州(元阳县)		6
	昆明(市区、嵩明县)、曲靖(富源县、师宗县、罗平县)、丽江(古城区、华坪县)、思茅市(翠云区、景东县、镇沅县、普洱县、景谷县),大理(大理市、漾濞县)、文山自治州	II	5
	保山(腾冲县、龙陵县)、临沧(临翔区、双江县、耿马县、沧源县)、思茅市(西盟县、澜沧县、孟连县、江城县),怒江(贡山县)、德宏、红河(绿春县、金平县、屏边县、河口县)、西双版纳自治州		6
西藏	那曲(索县除外)、山南(加查县除外)、日喀则(定日县)、阿里地区	I	1
	拉萨市,那曲(索县)、昌都(类乌齐县、丁青县、芒康县除外)、日喀则(拉孜县)、林芝地区(察隅县)		2
	昌都(类乌齐县)、林芝地区(米林县)		3
	昌都(丁青县)、林芝地区(米林县、波密县、察隅县除外)		4
	林芝地区(波密县)		5
	山南(加查县)、日喀则地区(定日县、拉孜县除外)	II	1
	昌都地区(芒康县)		2
陕西	榆林、延安市	I	1.5
	铜川、西安、宝鸡、咸阳、渭南市,杨凌区		2
	商洛、安康、汉中市		3
甘肃	天水(甘谷县、武山县)、陇南市(武都区、文县、礼县),临夏(康乐县、广河县、永靖县)、甘南自治州(夏河县)	I	1
	天水(北道区、秦城区)、定西(渭源县)、庆阳(西峰区)、陇南市(西和县),临夏(临夏市)、甘南自治州(临潭县、卓尼县)		1.5
	天水(秦安县)、定西(临洮县、岷县)、平凉(崆峒区)、庆阳(华池县、宁县、环县)、陇南市(宕昌县),临夏(临夏县、东乡县、积石山县)、甘南自治州(合作市)		2
	天水(张家川县)、平凉(静宁县、庄浪县)、庆阳(镇原县)、陇南市(两当县),临夏(和政县)、甘南自治州(玛曲县)		2.5
	天水(清水县)、平凉(泾川县、灵台县、华亭县、崇信县)、庆阳(西峰区、合水县、正宁县)、陇南市(徽县、成县、康县),甘南自治州(碌曲县、迭部县)		3

续上表

省、自治区、直辖市	地区、市、自治州、盟(县)	雨量区	雨季期(月数)
青海	西宁市(湟源县),海东地区(平安县、乐都县、民和县、化隆县),海北(海晏县、祁连县、刚察县、托勒)、海南(同德县、贵南县)、黄南(泽库县、同仁县)、海西自治州(天峻县)	I	1
	西宁市(湟源县除外),海东地区(互助县),海北(门源县)、果洛(达日县、久治县、班玛县)、玉树自治州(称多县、杂多县、囊谦县、玉树县),河南自治县		1.5
宁夏	固原地区(隆德县、泾源县)	I	2
新疆	乌鲁木齐市(小渠子乡、牧业气象试验站、大西沟乡),昌吉地区(阜康市天池),克孜勒苏(吐尔尕特、托云、巴音库鲁提)、伊犁自治州(昭苏县、霍城县二台、松树头)	I	1
台湾	(资料暂缺)		

注:1. 表中未列的地区除西藏林芝地区墨脱县因无资料未划分外,其余地区均因降雨天数或平均日降雨量未达到计算雨季施工增加费的标准,故未划分雨量区及雨季期;

2. 行政区划依据资料及自治州、市的名称列法同冬季施工气温区划分说明。

附录九　全国风沙地区公路施工区划表

全国风沙地区公路施工区划表

区划	沙漠(地)名称	地理位置	自然特征
风沙一区	呼伦贝尔沙地、嫩江沙地	呼伦贝尔沙地位于内蒙古呼伦贝尔平原,嫩江沙地位于东北平原西北部嫩江下游	属半干旱、半湿润严寒区,年降水量280～400mm,年蒸发量1 400～1 900mm,干燥度1.2～1.5
	科尔沁沙地	散布于东北平原西辽河中、下游主干及支流沿岸的冲积平原上	属半湿润温冷区,年降水量300～450mm,年蒸发量1 700～2 400mm,干燥度1.2～2.0
	浑善达克沙地	位于内蒙古锡林郭勒盟南部和昭乌达盟西北部	属半湿润温冷区,年降水量100～400mm,年蒸发量2 200～2 700mm,干燥度1.2～2.0,年平均风速3.5～5m/s,年大风日数50～80d
	毛乌素沙地	位于内蒙古鄂尔多斯中南部和陕西北部	属半干旱温热区,年降水量东部400～440mm,西部仅250～320mm,年蒸发量2 100～2 600mm,干燥度1.6～2.0
	库布齐沙漠	位于内蒙古鄂尔多斯北部,黄河河套平原以南	属半干旱温热区,年降水量150～400mm,年蒸发量2100～2700mm,干燥度2.0～4.0,年平均风速3～4m/s
风沙二区	乌兰布和沙漠	位于内蒙古阿拉善东北部,黄河河套平原西南部	属干旱温热区,年降水量100～145mm,年蒸发量2 400～2 900mm,干燥度8.0～16.0,地下水相当丰富,埋深一般为1.5～3m
	腾格里沙漠	位于内蒙古阿拉善东南部及甘肃武威部分地区	属干旱温热区,沙丘、湖盆、山地、残丘及平原交错分布,年降水量116～148mm,年蒸发量3 000～3 600mm,干燥度4.0～12.0
	巴丹吉林沙漠	位于内蒙古阿拉善西南边缘及甘肃酒泉部分地区	属干旱温热区,沙山高大密集,形态复杂,起伏悬殊,一般高200～300m,最高可达420m,年降水量40～80mm,年蒸发量1 720～3 320mm,干燥度7.0～16.0
	柴达木沙漠	位于青海柴达木盆地	属极干旱寒冷区,风蚀地、沙丘、戈壁、盐湖和盐土平原相互交错分布,盆地东部年均气温2～4℃,西部为1.5～2.5℃,年降水量东部为50～170mm,西部为10～25mm,年蒸发量2 500～3 000mm,干燥度16.0～32.0
	古尔班通古特沙漠	位于新疆北部准噶尔盆地	属干旱温冷区,其中固定、半固定沙丘面积占沙漠面积的97%,年降水量70～150mm,年蒸发量1 700～2 200mm,干燥度2.0～10.0
风沙三区	塔克拉玛干沙漠	位于新疆南部塔里木盆地	属极干旱炎热区,年降水量东部20mm左右,南部30mm左右,西部40mm左右,北部50mm以上,年蒸发量在1 500～3 700mm,中部达高限,干燥度>32.0
	库姆达格沙漠	位于新疆东部、甘肃西部,罗布泊低地南部和阿尔金山北部	属极干旱炎热区,全部为流动沙丘,风蚀严重,年降水量10～20mm,年蒸发量2 800～3 000mm,干燥度>32.0,8级以上大风天数在100d以上

天津市执行交通部《公路工程基本建设项目概算预算编制办法》补充规定

根据交通部〔2007〕第 33 号“关于发布《公路工程基本建设项目概算预算编制办法》(JTG B06—2007)及《公路工程概算定额》(JTG/T B06-01—2007)、《公路工程预算定额》(JTG/T B06-02—2007)、《公路工程机械台班费用定额》(JTG/T B06-03—2007)的公告”的文件精神，为了更好地贯彻实施此办法，并结合天津地区公路工程建设实际情况，作以下补充规定。

第一章　总　　则

一、本补充规定应结合《公路工程基本建设项目概算预算编制办法》(以下简称《编制办法》)使用，凡本补充规定未涉及的内容均按《编制办法》执行。

二、本补充规定适用于天津地区新建和改建的公路工程基本建设项目概算、预算的编制和管理。对于公路养护的大中修工程、农村公路可参照使用。

三、本补充规定适用于公路工程招标标底的编制及投标报价的编制。

第二章　概、预算编制规定

一、公路工程基本建设项目概算、预算编制均以《公路工程概算定额》(JTG/T B06-01—2007)、《公路工程预算定额》(JTG/T B06-02—2007)、《公路工程机械台班费用定额》(JTG/T B06-03—2007)、《编制办法》及本补充规定为编制依据。

二、概、预算文件组成及要求

(一)概、预算文件组成

概、预算文件由封面及目录，概、预算编制说明及全部概、预算计算表格组成。概、预算文件是设计文件的组成部分，概、预算文件按不同的需要分为两组，甲组文件为各项费用计算表，乙组文件为建筑安装工程费各项基础数据计算表。甲组、乙组文件表格形式应参照《编制办法》中附录五的表格式样。

(二)概、预算项目编号的规定

概、预算项目应按项目表的序列及内容编制，如实际出现的工程和费用项目与项目表的内容不完全相符时，一、二、三部分和“项”的序号应保留不变，“目”、“节”、“细目”可随需要增减，并按项目表的顺序以实际出现的“目”、“节”、“细目”依次排列，不保留缺少的“目”、“节”、“细目”的序号。

(三)概、预算编制说明的编写要求

编制说明的文字力求简明扼要。叙述的内容一般包括:批准工程项目的依据,工程概况,建设规模,修筑范围,工期要求,采用定额,费用标准,补充生项定额的编制依据及说明,人工、材料、机械台班单价的依据或来源等,概、预算总金额及人工、材料、机械总需求量及其他需要说明的问题。

三、天津地区公路新建、改建工程及大中修工程应经公路定额管理部门审查后上报局计划主管部门审批。上报的概预算书一式四份,审批后退回一份。

四、概、预算定额及费用的使用规定

(一)公路工程概、预算的编制,应根据施工组织设计(或施工方案)确定的施工工艺,正确选择定额项目和套用取费标准。

(二)对于公路工程近年来所发生的新工艺、新材料、新结构,定额项目不能满足,需要补充生项定额时,属于一次性使用的生项定额应随概预算一起报审备案,在所建的建筑工程范围内执行,属于多次性使用的生项定额应单独报公路工程定额管理站待批,报批补充生项定额的资料包括:工、料、机取定的依据,必要的图纸(草图),实验数据报告等。

(三)如需外购构件、成品、半成品,其预算价格,计算方法与材料相同,但构件(如钢桁梁、钢筋混凝土构件及加工钢材等半成品)的材料管理费费率为1%。

(四)路基工程。

1.外购填料(土、砂、石、山皮土等)的材料费应单独列项,不得计取其他工程费和间接费。路基填料应一次到位,不得计取二次倒运费用。

2.外购土方到施工现场的全部费用应按实际情况确定。

3.为保证路基边缘压实度,路基土方工程应按设计路基宽度每侧加宽30cm计列,切坡后的加宽料不得废弃,应用于路基边坡等部位。

(五)路面工程。

1.路面基层的工程量应按设计路面宽度每侧各加宽30cm计列。结构层用土的规定同路基工程。

2.路面基层工程项目设计配合比与定额标注的配合比不同时,应按定额中的公式进行抽换(其中人工、机械不变,只抽换材料部分)。

(六)桥涵工程。

1.灌注桩成孔工程量按设计入土深度加超钻0.5m计算。

2.灌注桩混凝土工程量按设计桩径断面积乘以设计桩长加0.5m计算,扩孔因素在定额中已考虑。

3.当设计混凝土强度等级与定额项目规定的强度等级不同时,可以抽换定额中材料用量。

4.定额中钢筋工程量为钢筋设计重量,定额中已计操作损耗,施工中钢筋因接长所需的搭接长度的数量在定额中未包括,鉴于现场施工条件所限,允许在计算钢筋数量时给予部分搭接数量,按钢筋设计数量乘以系数1.02计算,包干使用。

5.桥头回填、基础开挖等工序是构造物项目的工作内容,按构造物项目计取费用。

(七)其他。

1.临时工程中便桥、输电线路等使用的木材、电线、拱盔支架、施工金属设备等材料的定额用量均按一次周转计列，计算回收金额。

2. 公路交工前养护指标、绿化补助费指标、冬雨季及夜间施工增工百分率、临时设施用工指标、概预算项目表等均按《编制办法》附录相关规定执行。

3. 编制预算的各种基础数据如：材料的单位重、场内运输及操作损耗、材料的周转及摊销及定额中的基础数据均按定额册中的附录表相关规定执行。

4. 公路管理、养护及服务用房，绿化环保工程，监控、通信及收费系统工程，可参照天津市相关专业定额编制概、预算。

5. 天津地区公路工程费用取费应严格按《编制办法》中规定的工程类别划分标准执行。除此之外，对大中修工程建筑安装工程费中的企业管理费费率进行了调整，下调幅度为 15%。

6. 交通工程的取费除金属标志牌、防撞钢护栏等钢结构按钢桥上部标准执行，其他均按构造物Ⅰ标准执行。

7. 工程保险费系投资实施过程中的保险。《编制办法》费用中没有列项，如需要按天津市有关保险规定计列。

第三章　概、预算费用标准和计算方法

第一节　建筑安装工程费

建筑安装工程费包括直接费、间接费、利润及税金。

一、直接费

直接费由直接工程费和其他工程费组成。

(一)直接工程费

直接工程费是指施工过程中耗费的构成工程实体和有助于工程形成的各项费用，包括人工费、材料费、施工机械使用费。

1. 人工费

人工费以概、预算定额人工工日数乘以每工日人工费计算。天津地区公路工程中的人工费单价标准依据《编制办法》中关于人工费的计算方法，按照天津市人民政府的有关规定核定后，确定新建、改建工程人工费单价标准为 56.1 元/工日，农村公路、大中修工程的人工费可参照此标准执行。

人工费单价仅作为编制概、预算的依据，不作为施工企业实发工资的依据。

2. 材料费

材料费系指施工过程中耗用的构成工程实体的原材料、辅助材料、构(配)件、零件、半成品、成品的用量和周转材料的摊销量，按工程所在地的材料预算价格计算的费用。

材料预算价格由材料原价、运杂费、场外运输损耗、采购及仓库保管费组成。

材料预算价格均以天津市公路工程定额管理站发布的《天津市市政公路工程造价信息》中的“天津市公路工程材料指导价格”计算，材料指导价格为到工地所在地价格。

为了加强对天津市公路工程造价的管理，逐步理顺公路工程材料价格，在对天津地区 12 个区(县)的公路工程地方材料价格调查、综合、分析的基础上，根据《编制办法》中对材料预算价格的计算方法，结合天津地区公路工程实际，对材料的供货来源、运输方式及运价中有关规定进行统一测算后，对地方材料(水泥、石灰、砂、石)分区域(12 个区、县)进行编制；其他材料统一编制。

材料场外运输损耗、材料采购及保管费率按照《编制办法》的相关规定进行编制。

材料采购及保管费率为 2.5%，外购的构件、成品及半成品的采购保管费率按 1%计取，商品混凝土的采购保管费率为 0。

采用半成品、成品(沥青混合料、混凝土预制构件)的预算价格缺项时，施工单位应随工程项目将购买价格同时上报，并由天津市公路工程定额管理站核定。

3. 施工机械使用费

施工机械使用费系指列入概、预算定额的施工机械台班数量，按相应的机械台班费用定额计算的施工机械使用费和小型机具使用费。

《天津地区公路工程机械台班费用定额》是编制天津地区公路工程概、预算机械台班费用定额的基础，该费用定额是依据交通部《公路工程机械台班费用定额》(JTG/T B06-03—2007)，并结合天津地区的人工费标准、燃料费价格、养路费及车船使用税标准等进行编制的。

《天津地区公路工程机械台班费用定额》可变费用中的人工费是按照天津地区的人工费单价标准计入的，养路费和车船使用税是按照天津市养路费和车船税的有关文件规定经测算后确定的。此两项费用将结合市场变化情况，每半年或一年不定期由定额站进行调整并发布。

《天津地区公路工程机械台班费用定额》可变费用中除人工费、养路费和车船使用税外的其他各项材料单价是依据 2008 年第 6 期《天津市市政公路工程造价信息》中的“天津市公路工程材料指导价格”计算的，此部分单价标准在编制概、预算时应根据《天津市市政公路工程造价信息》中的“天津市公路工程材料指导价格”的变化随时进行调整。

(二)其他工程费

其他工程费系指直接工程费以外施工过程中发生的直接用于工程的费用。天津地区执行冬季施工增加费、雨季施工增加费、夜间施工增加费、行车干扰工程施工增加费、安全及文明施工措施费、临时设施费、施工辅助费、工地转移费等八项费用。

1. 冬季施工增加费

冬季施工增加费系指按照公路工程施工及验收规范所规定的冬季施工要求，为保证工程质量和安全生产所需采取的防寒保温设施、工效降低和机械作业率降低以及技术操作过程的改变等所增加的有关费用。其费用系采用全年平均摊销的方法，即不论是否在冬季施工，一律计取。

天津地区按《编制办法》中冬季施工增加费费率表中的冬二区 I 的费率执行。

冬季施工增加费以各类工程的直接工程费之和为基数，按表 3-1 费率计算。

2. 雨季施工增加费

雨季施工增加费系指雨季期间施工为保证工程质量和安全生产所需采取的防雨、排水、防潮和防护措施，工效降低和机械作业率降低以及技术作业过程的改变等，所需增加的有关费用。其费用系采用全年平均摊销的方法，即不论是否在冬季施工，一律计取。

天津地区按《编制办法》中雨季施工增加费费率表中的 2 个月雨季期 I 雨量区的费率

执行。

雨季施工增加费以各类工程的直接工程费之和为基数，按表3-1费率计算。

表3-1 冬雨季施工增加费费率表(%)

工程类别	冬季施工增加费(冬二区Ⅰ)	雨季施工增加费(2个月雨季期Ⅰ)
人工土方	0.59	0.07
机械土方	0.93	0.07
汽车运土	0.17	0.07
人工石方	0.13	0.05
机械石方	0.18	0.06
高级路面	0.72	0.06
其他路面	0.29	0.06
构造物Ⅰ	0.66	0.05
构造物Ⅱ	0.81	0.05
构造物Ⅲ	1.60	0.11
技术复杂大桥	0.93	0.07
隧道	0.27	
钢材及钢结构	0.07	

3.夜间施工增加费

夜间施工增加费系指根据设计、施工的技术要求和合理的施工进度要求，必须在夜间连续施工而发生的工效降低、夜班津贴以及有关照明设施(包括所需照明设施的安拆、摊销、维修及油燃料、电)等增加的费用。

夜间施工增加费按夜间施工工程项目(如桥梁工程项目包括上、下部构造全部工程)的直接工程费之和为基数，按表3-2费率计算。

表3-2 夜间施工增加费费率表(%)

工程类别	费率	工程类别	费率
构造物Ⅱ	0.35	技术复杂大桥	0.35
构造物Ⅲ	0.7	钢材及钢结构	0.35

注：设备安装工程及金属标志牌、防撞钢护栏、防眩板(网)、隔离栅、防护网等不计夜间施工增加费。

4.行车干扰工程施工增加费

行车干扰工程施工增加费系指由于边施工边维持通车，受行车干扰的影响，致使人工、机械效率降低而增加的费用。该费用以受行车影响部分的工程项目的人工费和机械使用费之和为基数，按表3-3费率计算。

表 3-3　行车干扰工程施工增加费费率表(%)

工程类别	施工期间平均每昼夜双向行车次数(汽车、畜力车合计)							
	51～100	101～500	501～1 000	1 001～2 000	2 001～3 000	3 001～4 000	4 001～5 000	5 000 以上
人工土方	1.64	2.46	3.28	4.10	4.76	5.29	5.86	6.44
机械土方	1.39	2.19	3.00	3.89	4.51	5.02	5.56	6.11
汽车运土	1.36	2.09	2.85	3.75	4.35	4.84	5.36	5.89
人工石方	1.66	2.4	3.33	4.06	4.71	5.24	5.81	6.37
机械石方	1.16	1.71	2.38	3.19	3.70	4.12	4.56	5.01
高级路面	1.24	1.87	2.50	3.11	3.61	4.01	4.45	4.88
其他路面	1.17	1.77	2.36	2.94	3.41	3.79	4.20	4.62
构造物 I	0.94	1.41	1.89	2.36	2.74	3.04	3.37	3.71
构造物 II	0.95	1.43	1.90	2.37	2.75	3.06	3.39	3.72
构造物 III	0.95	1.42	1.90	2.37	2.75	3.05	3.38	3.72

5. 安全及文明施工措施费

安全及文明施工措施费系指工程施工期间为满足安全生产、文明施工、职工健康生活要求所发生的费用。该费用不包括施工期间为保证交通安全而设置的临时安全设施和标志、标牌的费用，需要时，应根据设计要求计算。

安全及文明施工措施费以各类工程的直接工程费之和为基数，按表 3-4 费率计算。

表 3-4　安全及文明施工措施费费率表(%)

工 程 类 别	费　　率	工 程 类 别	费　　率
人工土方	0.59	构造物 I	0.72
机械土方	0.59	构造物 II	0.78
汽车运输	0.21	构造物 III	1.57
人工石方	0.59	技术复杂大桥	0.86
机械石方	0.59	隧道	0.73
高级路面	1.00	钢材及钢结构	0.53
其他路面	1.02		

注：设备安装工程按表中费率的 50%计算。

6. 临时设施费

临时设施费系指施工企业为进行建筑安装工程施工所必需的生活和生产用的临时建筑物、构筑物和其他临时设施的费用等，但不包括概、预算定额中临时工程在内。

临时设施包括：临时生活及居住房屋(包括职工家属房屋及探亲房屋)、文化福利及公用房屋(如广播室、文体活动室等)和生产、办公房屋(如仓库、加工厂、加工棚、发电站、变电站、空压机站、停机棚等)，工地范围内各种临时的工作便道(包括汽车、畜力车、人力车道)、人行便道，工地临时用水、用电的水管支线和电线支线，临时构筑物(如水井、水塔等)以及其他小型临时设施。

临时设施费用内容包括：临时设施的搭设、维修、拆除费或摊销费。天津地区按《编制办法》中规定的费率标准执行。

临时设施费以各类工程的直接工程费之和为基数，按表 3-5 费率计算。

表 3-5　临时设施费费率表(%)

工程类别	费　率	工程类别	费　率
人工土方	1.57	构造物 I	2.65
机械土方	1.42	构造物 II	3.14
汽车运输	0.92	构造物 III	5.81
人工石方	1.60	技术复杂大桥	2.92
机械石方	1.97	隧道	2.57
高级路面	1.92	钢材及钢结构	2.48
其他路面	1.87		

7. 施工辅助费

施工辅助费包括生产工具用具使用费、检验试验费和工程定位复测、工程点交、场地清理等费用。天津地区按《编制办法》中规定的费率标准执行。

施工辅助费以各类工程的直接工程费之和为基数，按表 3-6 费率计算。

表 3-6　施工辅助费费率表(%)

工程类别	费　率	工程类别	费　率
人工土方	0.89	构造物 I	1.30
机械土方	0.49	构造物 II	1.56
汽车运输	0.16	构造物 III	3.03
人工石方	0.85	技术复杂大桥	1.68
机械石方	0.46	隧道	1.23
高级路面	0.80	钢材及钢结构	0.56
其他路面	0.74		

8. 工地转移费

工地转移费系指施工企业根据建设任务的需要，由已竣工的工地或后方基地迁至新工地的搬迁费用。天津地区按《编制办法》中规定的费率标准执行。

工地转移费以各类工程的直接工程费之和为基数，按表 3-7 的费率计算。

表 3-7　工地转移费费率表(%)

工程类别	工地转移距离(km)					
	50	100	300	500	1 000	每增加 100
人工土方	0.15	0.21	0.32	0.43	0.56	0.03
机械土方	0.50	0.67	1.05	1.37	1.82	0.08
汽车运输	0.31	0.40	0.62	0.82	1.07	0.05
人工石方	0.16	0.22	0.33	0.45	0.58	0.03
机械石方	0.36	0.43	0.74	0.97	1.28	0.06

续上表

工程类别	工地转移距离(km)					
	50	100	300	500	1 000	每增加 100
高级路面	0.61	0.83	1.30	1.7	2.27	0.12
其他路面	0.56	0.75	1.18	1.54	2.06	0.1
构造物 I	0.56	0.75	1.18	1.54	2.06	0.11
构造物 II	0.66	0.89	1.40	1.83	2.45	0.13
构造物 III	1.31	1.77	2.77	3.62	4.85	0.25
技术复杂大桥	0.75	1.01	1.58	2.06	2.76	0.14
隧道	0.52	0.71	1.11	1.45	1.94	0.1
钢材及钢结构	0.72	0.97	1.51	1.97	2.64	0.13

二、间接费

间接费由规费和企业管理费两项组成。

(一)规费

规费系指法律、法规、规章、规程规定施工企业必须缴纳的费用(简称规费),包括:养老保险费、失业保险费、医疗保险费(含生育保险费)、住房公积金、工伤保险费。

规费以各类工程的人工费之和为基数,天津地区的规费费率按 43.8%计算。

(二)企业管理费

企业管理费由基本费用、主副食运费补贴、职工探亲路费、职工取暖补贴和财务费用五项组成。

1. 基本费用

企业管理费基本费用系指施工企业为组织施工生产和经营管理所需的费用。基本费用以各类工程的直接费之和为基数,按表 3-8 的费率计算。

表 3-8 基本费用费率表(%)

工程类别	费率		工程类别	费率	
	新建、改建	农村公路、大中修		新建、改建	农村公路、大中修
人工土方	3.36	2.86	构造物 I	4.44	3.77
机械土方	3.26	2.77	构造物 II	5.53	4.70
汽车运输	1.44	1.22	构造物 III	9.79	8.32
人工石方	3.45	2.93	技术复杂大桥	4.72	4.01
机械石方	3.28	2.79	隧道	4.22	3.59
高级路面	1.91	1.62	钢材及钢结构	2.42	2.06
其他路面	3.28	2.79			

2. 主副食运费补贴

主副食运费补贴系指施工企业在远离城镇及乡村的野外施工购买生活必需品所需增加的费用。天津地区综合取定里程为20km。该费用以各类工程的直接费之和为基数，按表3-9的费率计算。

表3-9 主副食运费补贴费率表(%)

工程类别	综合里程(km)	工程类别	综合里程(km)
	20		20
人工土方	0.67	构造物Ⅰ	0.49
机械土方	0.52	构造物Ⅱ	0.52
汽车运输	0.55	构造物Ⅲ	0.96
人工石方	0.51	技术复杂大桥	0.43
机械石方	0.49	隧道	0.42
高级路面	0.33	钢材及钢结构	0.44
其他路面	0.33		

3. 职工探亲路费

职工探亲路费系指按照有关规定，施工企业职工在探亲期间发生的往返车船费、市内交通费和途中住宿费等费用。该费用以各类工程的直接费之和为基数，按表3-10的费率计算。

表3-10 职工探亲路费费率表(%)

工程类别	费率	工程类别	费率
人工土方	0.10	构造物Ⅰ	0.29
机械土方	0.22	构造物Ⅱ	0.34
汽车运输	0.14	构造物Ⅲ	0.55
人工石方	0.10	技术复杂大桥	0.20
机械石方	0.22	隧道	0.27
高级路面	0.14	钢材及钢结构	0.16
其他路面	0.16		

4. 职工取暖补贴

职工取暖补贴系指按规定发放给职工的冬季取暖费或在施工现场设置的临时取暖设施的费用。天津地区按照《编制办法》类别划分表中冬二区费率标准执行。该费用以各类工程的直接费之和为基数，按表3-11的费率计算。

表3-11 职工取暖补贴费率表(%)

工程类别	费率(冬二区)	工程类别	费率(冬二区)
人工土方	0.10	构造物Ⅰ	0.19
机械土方	0.22	构造物Ⅱ	0.20
汽车运输	0.21	构造物Ⅲ	0.37
人工石方	0.10	技术复杂大桥	0.17

续上表

工程类别	费率(冬二区)	工程类别	费率(冬二区)
机械石方	0.17	隧道	0.14
高级路面	0.13	钢材及钢结构	0.12
其他路面	0.12		

5. 财务费用

财务费用系指施工企业为筹集资金而发生的各项费用，包括企业经营期间发生的短期贷款利息净支出、汇兑净损失、调剂外汇手续费、金融机构手续费，以及企业筹集资金发生的其他财务费用。

财务费用以各类工程的直接费之和为基数，按表 3-12 的费率计算。

表 3-12　财务费用费率表(%)

工程类别	费率	工程类别	费率
人工土方	0.23	构造物 I	0.37
机械土方	0.21	构造物 II	0.40
汽车运输	0.21	构造物 III	0.82
人工石方	0.22	技术复杂大桥	0.46
机械石方	0.20	隧道	0.39
高级路面	0.27	钢材及钢结构	0.48
其他路面	0.30		

(三)辅助生产间接费

辅助生产间接费系指由施工单位自行开采加工的砂、石等材料及施工单位自办的人工装卸和运输的间接费。

辅助生产间接费按人工费的 5%计。该项费用并入材料预算单价内构成材料费，不直接出现在概(预)算中。

三、利润

利润系指施工企业完成所承包工程应取得的盈利。利润按直接费与间接费之和扣除规费的 7%计算。

四、税金

税金系指按国家税法规定应计入建筑安装工程造价内的营业税、城市维护建设税及教育费附加等。

1. 纳税地点在市区的企业，综合税率为 3.41%；

2. 纳税地点在县城、乡镇的企业，综合税率为 3.35%；

3. 纳税地点不在市区、县城、乡镇的企业，综合税率为 3.22%。

第二节　设备、工具、器具及家具购置费

一、设备购置费

设备购置费系指为满足公路的运营、管理、养护需要，购置的达到固定资产标准的设备和

虽低于固定资产标准但属于设计明确列入清单的设备费用，包括渡口设备，隧道照明、消防、通风的动力设备，高等级公路的收费、监控、通信、供电设备，养护用的机械、设备和工具、器具等的购置费用。

设备购置费由设计单位列出计划购置的清单（包括设备的规格、型号、数量），包括设备原价、综合业务费和运杂费，按以下公式计算：

$$设备购置费=设备原价+运杂费（运输费+装卸费+搬运费）+运输保险费+采购及保管费 \quad (3\text{-}1)$$

需要安装的设备，应在第一部分建筑安装工程费的有关项目内另计设备的安装工程费。

二、工器具及生产家具（简称工器具）购置费

工器具购置费系指建设项目交付使用后为满足初期正常运营要求必须购置的第一套不构成固定资产的设备、仪器、仪表、工卡模具、器具、工作台（框、架、柜）等的费用。该费用不包括构成固定资产的设备、工器具和备品、备件，及已列入设备购置费中的专用工具和备品、备件。

对于工器具购置，应由设计单位列出计划购置的清单（包括规格、型号、数量），购置费的计算方法同设备购置费。

三、办公和生活用家具购置费

办公和生活用家具购置费系指为保证新建、改建项目初期正常生产、使用和管理所必须购置的办公和生活用家具、用具的费用。范围包括：行政、生产部门的办公室、会议室、资料档案室、阅览室、单身宿舍及生活福利设施等的家具、用具。

办公和生活用家具购置费标准按表3-13的费率计算。

表3-13　办公和生活用家具购置费标准表

工程所在地	路线（元/公路公里）				有看桥房的独立大桥（元/座）	
	高速公路	一级公路	二级公路	三、四级公路	一般大桥	技术复杂大桥
天津市	17 500	14 600	5 800	2 900	19 800	49 000

注：改建工程按表列数80%计。

第三节　工程建设其他费用

一、土地征用及拆迁补偿费

1. 土地征用及拆迁补偿费系指按照《中华人民共和国土地管理法》及《中华人民共和国土地管理法实施条例》、《中华人民共和国基本农田保护条例》等法律、法规的相关规定，为进行公路建设需征用土地所支付的土地征用及拆迁补偿费等费用。

2. 计算方法

土地征用及拆迁补偿费应根据审批单位批准的建设工程用地和临时用地面积及其附着物的情况，以及实际发生的费用项目，按天津市人民政府颁发的有关规定和标准计算。

森林植被恢复费应根据审批单位批准的建设工程占用林地的类型及面积，按天津市人民政府颁发的有关规定和标准计算。

当与原有的电力电信设施、水利工程、铁路及铁路设施互相干扰时，应与有关部门联系，商定合理的解决方案和补偿金额，也可由这些部门按规定编制费用以确定补偿金额。

二、建设项目管理费

建设项目管理费包括建设单位(业主)管理费、工程质量监督费、工程监理费、工程定额测定费、设计文件审查费和竣(交)工验收试验检测费。

1. 建设单位(业主)管理费

建设单位(业主)管理费系指建设单位(业主)为建设项目的立项、筹建、建设,竣(交)工验收、总结等工作所发生的费用,不包括应计入设备、材料预算价格的建设单位采购及保管设备、材料所需的费用。

由施工企业代建设单位(业主)办理"土地、青苗等补偿费"的工作人员所发生的费用,应在建设单位(业主)管理费项目中支付。当建设单位(业主)委托有资质的单位代理招标时,其代理费应在建设单位(业主)管理费中支出。

建设单位(业主)管理费以建筑安装工程费总额为基数,以累进办法计算,按表 3-14 的费率计算。

表 3-14　建设单位管理费费率表

第一部分建筑安装工程费(万元)	费率(%)	算例(万元)	
		建筑安装工程费	建设单位(业主)管理费
500 以下	3.48	500	500×3.48%=17.4
501～1 000	2.73	10 00	17.4+500×2.73%=31.05
1 001～5 000	2.18	5 000	31.05+4 000×2.18%=118.25
5 001～10 000	1.84	10 000	118.25+5 000×1.84%=210.25
10 001～30 000	1.52	30 000	210.25+20 000×1.52%=514.25
30 001～50 000	1.27	50 000	514.25+20 000×1.27%=768.25
50 001～100 000	0.94	100 000	768.25+50 000×0.94%=1 238.25
100 001～150 000	0.76	150 000	1 238.25+50 000×0.76%=1 618.25
150 001～200 000	0.59	200 000	1 618.25+50 000×0.59%=1 913.25
200 001～300 000	0.43	300 000	1 913.25+100 000×0.43%=2 343.25
300 000 以上	0.32	310 000	2 343.25+10 000×0.32%=2 375.25

水深>15m、跨度≥400m 的斜拉桥和跨度≥800m 的悬索桥等独立特大型桥梁工程的建设单位(业主)管理费按表中的费率乘以 1.0～1.2 的系数计算。

2. 工程质量监督费

工程质量监督费系指根据国家有关部门规定,各级公路工程质量监督机构对工程建设质量和安全生产实施监督应收取的管理费用。

工程质量监督费以建筑安装工程费总额为基数,按 0.15%计算。

3. 工程监理费

工程监理费系指建设单位(业主)委托具有公路工程监理资格的单位,按施工监理规范进行全面的监督和管理所发生的费用。

工程监理费以建筑安装工程费总额为基数，按表3-15的费率计算。

表3-15 工程监理费费率表(%)

工程类别	高速公路	一、二级公路	三、四级公路	桥梁及隧道
费率	2.0	2.5	3.0	2.5

表中桥梁指水深大于15m、斜拉桥和悬索桥等独立特大型桥梁工程；隧道指水下隧道工程。

建设单位(业主)管理费和工程监理费均为实施建设项目管理的费用，执行时根据建设单位(业主)和施工监理单位所实际承担的工作内容和工作量，在保证监理费用的前提下，可统筹使用。

4. 工程定额测定费

工程定额测定费系指各级公路(交通)工程定额(造价管理)站为测定劳动定额、搜集定额资料、编制工程定额及定额管理所需要的工作经费。

工程定额测定费以建筑安装工程费总额为基数，按0.12%计算。

5. 设计文件审查费

设计文件审查费系指国家和省级交通主管部门在项目审批前，为保证勘察设计工作的质量，组织有关专家或委托有资质的单位，对设计单位提交的建设项目可行性研究报告和勘察设计文件以及对设计变更、调整概算进行审查所需要的相关费用。

设计文件审查费以建筑安装工程费总额为基数，按0.1%计算。

6. 竣(交)工验收试验检测费

竣(交)工验收试验检测费系指在公路建设项目交工验收和竣工验收前，由建设单位(业主)或工程质量监督机构委托有资质的公路工程质量检测单位按照有关规定对建设项目的工程质量进行检测，并出具检测意见所需要的相关费用，按表3-16的规定标准计算。

表3-16 竣(交)工验收试验检测费标准表

项　目	路线(元/公路公里)				独立大桥(元/座)	
	高速公路	一级公路	二级公路	三、四级公路	一般大桥	技术复杂大桥
试验检测费	15 000	12 000	10 000	5 000	30 000	100 000

关于竣(交)工验收试验检测费，高速公路、一级公路按四车道计算，二级及以下等级公路按双车道计算，每增加一条车道，按表3-16的费用增加10%。

三、研究试验费

研究试验费系指为本建设项目提供或验证设计数据、资料进行必要的研究试验和按照设计规定在施工过程中必须进行试验、验证所需的费用，以及支付科技成果、先进技术的一次性技术转让费。该费用不包括：

1. 应由科技三项费用(即新产品试制费、中间试验费和重要科学研究补助费)开支的项目；

2. 应由施工辅助费开支的施工企业对建筑材料、构件和建筑物进行一般鉴定、检查所发生的费用及技术革新研究试验费；

3. 应由勘察设计费或建筑安装工程费用中开支的项目。

计算方法:按照设计提出的研究试验内容和要求进行编制,不需验证设计基础资料的不计本项费用。

四、建设项目前期工作费

建设项目前期工作费系指委托勘察设计、咨询单位对建设项目进行可行性研究、工程勘察设计,以及设计、监理、施工招标文件及招标标底或造价控制值文件编制时,按规定应支付的费用。

计算方法:依据委托合同计列,或按国家颁发的有关收费标准和有关规定进行编制。

五、专项评价(估)费

专项评价(估)费系指依据国家法律、法规规定须进行评价(评估)、咨询,按规定应支付的费用。该费用包括环境影响评价费、水土保持评估费、地震安全性评价费、地质灾害危险性评价费、压覆重要矿床评估费、文物勘察费、通航论证费、行洪论证(评估)费、使用林地可行性研究报告编制费、用地预审报告编制费等费用。

计算方法:按国家颁发的有关收费标准和有关规定进行编制。

六、施工机构迁移费

天津地区根据实际情况暂不执行此项费用。

七、供电贴费

供电贴费系指按照国家有关规定,建设项目应交付的供电工程贴费、施工临时用电贴费。

计算方法:按国家有关规定计列(目前停止征收)。

八、联合试运转费

联合试运转费系指新建、改(扩)建工程项目,在竣工验收前按照设计规定的工程质量标准,进行动(静)载荷载实验所需的费用,或进行整套设备带负荷联合试运转期间所需的全部费用抵扣试车期间收入的差额。该费用不包括应由设备安装工程项下开支的调试费的费用。

联合试运转费以建筑安装工程费总额为基数,独立特大型桥梁按 0.075%、其他工程 0.05%计算。

九、生产人员培训费

生产人员培训费系指新建、改(扩)建公路工程项目,为保证生产的正常运行,在工程竣工验收交付使用前对运营部门生产人员和管理人员进行培训所必需的费用。

费用内容包括:培训人员的工资、工资性补贴、职工福利费、差旅交通费、劳动保护费、培训及教学实习费等。

生产人员培训费按设计定员和 2 000 元/人的标准计算。

十、固定资产投资方向调节税

固定资产投资方向调节税系指为了贯彻国家产业政策,控制投资规模,引导投资方向,调整投资结构,加强重点建设,促进国民经济持续稳定协调发展,依照《中华人民共和国固定资产投资方向调节税暂行条例》规定,公路建设项目应缴纳的固定资产投资方向调节税。

计算方法:按国家有关规定计算(目前暂停征收)。

十一、建设期贷款利息

建设期贷款利息系指建设项目中分年度使用国内贷款或国外贷款部分,在建设期内应归还的贷款利息。费用内容包括各种金融机构贷款、企业集资、建设债券和外汇贷款等利息。

计算方法：根据不同的资金来源按需付息的分年度投资计算。

计算公式如下：

建设期贷款利息＝∑（上年末付息贷款本息累计＋本年度付息贷款额÷2）×年利率 （3-2）

即：

$$S=\sum_{n=1}^{N}(F_{n-1}+b_n\div 2)\times i \quad (3\text{-}3)$$

式中：S——建设期贷款利息（元）；

N——项目建设期（年）；

n——施工年度；

F_{n-1}——建设期第（$n-1$）年末需付息贷款本息累计（元）；

b_n——建设期第 n 年度付息贷款额（元）；

i——建设期贷款年利率（%）。

第四节　预　备　费

预备费由价差预备费及基本预备费两部分组成。在公路工程建设期限内，凡需动用预备费时，属于公路交通部门投资的项目，需经建设单位提出，按建设项目隶属关系，报交通部或交通厅（局、委）基建主管部门核定批准；属于其他部门投资的建设项目，按其隶属关系报有关部门核定批准。

一、价差预备费

价差预备费系指设计文件编制年至工程竣工年期间，第一部分费用的人工费、材料费、机械使用费、其他工程费、间接费等以及第二、三部分费用由于政策、价格变化可能发生上浮而预留的费用及外资贷款汇率变动部分的费用。

1. 计算方法：价差预备费以概（预）算或修正概算第一部分建筑安装工程费总额为基数，按设计文件编制年始至建设项目工程竣工年终的年数和年工程造价增涨率计算。

计算公式如下：

$$价差预备费=P\times[(1+i)^{n-1}-1] \quad (3\text{-}4)$$

式中：P——建筑安装工程费总额（元）；

i——年工程造价增涨率（%）；

n——设计文件编制年至建设项目开工年＋建设项目建设期限（年）。

2. 年工程造价增涨率按有关部门公布的工程投资价格指数计算，或由设计单位会同建设单位根据该工程人工费、材料费、施工机械使用费、其他工程费、间接费以及第二、三部分费用可能发生的上浮等因素，以第一部分建安费为基数进行综合分析预测。

3. 设计文件编制至工程完工在一年以内的工程，不列此项费用。

二、基本预备费

基本预备费系指在初步设计和概算中难以预料的工程和费用。

计算方法：以第一、二、三部分费用之和（扣除固定资产投资方向调节税和建设期贷款利息两项费用）为基数，按下列费率计算：

设计概算按5%计列；修正概算按4%计列；施工图预算按3%计列。

采用施工图预算加系数包干承包的工程，包干系数为施工图预算中直接费与间接费之和的3%。施工图预算包干费用由施工单位包干使用。

第五节 回收金额

概、预算定额所列材料一般不计回收，只对按全部材料计价的一些临时工程项目和由于工程规模或工期限制达不到规定周转次数的拱盔、支架及施工金属设备的材料计算回收金额。回收率见表3-17。

表3-17 回收率表

回收项目	使用年限或周转次数				计算基数
	一年或一次	两年或两次	三年或三次	四年或四次	
临时电力、电信线路	50%	30%	10%		材料原价
拱盔、支架	60%	45%	30%	15%	
施工金属设备	65%	65%	50%	30%	

注：施工金属设备指钢壳沉井、钢护筒等。

第六节 公路工程建设各项费用的计算程序及计算方式

公路工程建设各项费用的计算程序及计算方式见表3-18。

表3-18 公路工程建设各项费用的计算程序及计算方式

代号	项目	说明及计算式
(一)	直接工程费(即工、料、机费)	按编制年工程所在地的预算价格计算
(二)	其他工程费	(一)×其他工程费综合费率或各类工程人工费和机械费之和×其他工程费综合费率
(三)	直接费	(一)+(二)
(四)	间接费	各类工程人工费×规费综合费率+(三)×企业管理费综合费率
(五)	利润	[(三)+(四)−规费]×利润率
(六)	税金	[(三)+(四)+(五)]×综合税率
(七)	建筑安装工程费	(三)+(四)+(五)+(六)
(八)	设备、工具、器具购置费(包括备品备件)	Σ(设备、工具、器具购置数量×单价+运杂费)×(1+采购保管费率)
	办公及生活用家具购置费	按有关规定计算
(九)	工程建设其他费用	
	土地征用及拆迁补偿费	按有关规定计算
	建设单位(业主)管理费	(七)×费率

续上表

代　号	项　　目	说明及计算式
	工程质量监督费	(七)×费率
	工程监理费	(七)×费率
	工程定额测定费	(七)×费率
	设计文件审查费	(七)×费率
	竣(交)工验收试验检测费	按有关规定计算
	研究试验费	按批准的计划编制
	前期工作费	按有关规定计算
	专项评价(估)费	按有关规定计算
	施工机构迁移费	按实计算
	供电贴费	按有关规定计算
	联合试运转费	(七)×费率
	生产人员培训费	按有关规定计算
	固定资产投资方向调节税	按有关规定计算
	建设期贷款利息	按实际贷款数及利率计算
(十)	预备费	包括价差预备费和基本预备费两项
	价差预备费	按规定的公式计算
	基本预备费	[(七)+(八)+(九)−固定资产投资方向调节税−建设期贷款利息]×费率
	预备费中施工图预算包干系数	[(三)+(四)]×费率
(十一)	建设项目总费用	(七)+(八)+(九)+(十)

二〇〇八年七月一日

河北省公路工程基本建设项目
概算预算编制办法补充规定

为更好地贯彻落实交通部2007年第33号公告颁布的《公路工程基本建设项目概算预算编制办法》(以下简称《部办法》),结合我省的具体情况,补充以下规定。

一、总则

1.本规定适用于省内新建和改建公路工程基本建设项目的概算和预算的编制。公路养护大、中修工程可参照本规定执行。

2.概、预算的编制必须由具有相应资格的单位和人员负责,并对其编制质量负责。概预算造价文件的扉页次页上,必须有编制、复核人员签名,并加盖资格印章。

3.概、预算的编制一律采用《部办法》规定格式、表格、计算程序和公式。

4.高速公路除人工费按本规定执行外,其他一律执行《部办法》;一级及以下等级公路取费按本规定执行,本规定未明确的执行《部办法》。

二、直接工程费

1.人工费的工日标准全省统一执行46.85元/工日。

2.材料费由省公路工程定额站定期调查公布公路材料价格信息,供有关单位编制概预算使用,运杂费计算应根据实际调查取定。

三、其他工程费

1.不计高原施工增加费和风沙地区施工增加费。

2.沿海地区工程施工增加费一般情况下不计,确有跨海构造物时按《部办法》计列此项费用。

3.新建工程不计行车干扰工程施工增加费,改建工程按《部办法》规定执行,若已计交通便道费用,不得再计列此项费用。

4.临时设施费,工程投资估算在1亿元以内按《部办法》执行,1亿元以上的取费费率乘以0.7的系数。

四、间接费

1.主副食运费补贴

为计算方便,平原微丘区综合里程统一按5km计,山岭重丘区统一按10km计。

2.职工取暖补贴

按《部办法》规定的取费标准，乘以 0.6 的系数。

3.规费

养老保险按 20%，失业保险按 2%，医疗保险按 6.5%，住房公积金按 10%，工伤保险按 1%，生育保险按 0.5%，以各类工程的人工费之和为基数计算费用。

五、利润

按直接费与间接费之和扣除规费的 4%计算。

六、研究试验费

应由项目法人或项目建设执行机构和设计单位提出研究课题，并根据研究内容逐项编制需要开支的费用。

二○○八年三月四日

山西省公路工程基本建设项目概算预算编制办法补充规定

一、总则

（一）为贯彻执行交通部《公路工程基本建设项目概算预算编制办法》（JTG B06—2007）以下简称《部编办》、《公路工程概算定额》、（JTG/T B06-01—2007）、《公路工程预算定额》（JTG/T B06-02—2007）、《公路工程机械台班费用定额》（JTG/T B06-03—2007）（以下统一简称《部定额》），适应我省公路建设的需要，合理确定和有效控制公路工程造价，维护建设各方的合法权益，结合我省实际，制定本补充规定。

（二）本补充规定适用于我省新建和改建的公路基本建设项目概算、预算的编制和管理。

（三）概算、预算均应由有资格的设计、工程（造价）咨询单位负责编制；编制、审核人员必须持有公路工程造价人员执业资格证书，并对工程造价文件的编制质量负责。

当一个建设项目由两个以上设计（咨询）单位共同承担设计时，各设计（咨询）单位应负责编制所承担设计的单项工程概算、预算，主体设计（咨询）单位应负责编制原则和依据、取费标准等的协调与统一、汇编总概算、预算和全线征用土地及拆迁总费用，并对全部概算、预算的编制质量负责。总概算、预算汇总表应列出各单项工程或单位工程的工程数量、金额和技术经济指标（详见《部编办》附录五 01-1 表），征用土地及拆迁汇总表应列出各单项工程或单位工程征用土地的类别，拆迁建筑（附着）物的名称、数量、补偿标准、金额等（详见《部编办》附录五06 表）。

（四）公路管理、养护及服务房屋：直接费执行山西省建设厅发布的有关计价依据；间接费、利润、税金等执行《部编办》和本补充规定。

（五）《部编办》和《部定额》及本补充规定是我省公路建设项目确定投资的控制性标准，各单位在执行过程中，可根据工程性质，结合项目实际情况，从节约资源、降低造价着手，酌情调（低）整费率标准和定额工、料、机消耗。

（六）本规定未提及部分按《部编办》相关规定执行。

二、概预算文件组成

（一）编制说明

1. 概算：说明对批复工程可行性研究报告投资估算的执行情况，分析造价变化原因，列出投资估算与设计概算主要工程数量、金额、主要技术经济指标比较表。

2. 预算：说明对批复初步设计概算的执行情况，分析造价变化原因，列出批复设计概算与施工图预算主要工程数量、金额、主要技术经济指标比较表。

3. 概、预算编制说明应随概、预算文件一同装订。

(二)甲组文件包括的内容见下表(见《部编办》附录五)

甲组文件:
- 编制说明
- 总概(预)算汇总表(01-1 表)
- 总概(预)算人工、主要材料、机械台班数量汇总表(02-1 表)
- 总概(预)算表(01 表)
- 人工、主要材料、机械台班数量汇总表(02 表)
- 建筑安装工程费计算表(03 表)
- 其他工程费及间接费综合费率计算表(04 表)
- 设备、工具、器具购置费计算表(05 表)
- 工程建设其他费用及回收金额计算表(06 表)
- 人工、材料、机械台班单价汇总表(07 表)

三、建筑安装工程费

(一)路基填料

路基填料如需购买时,其费用列入建筑安装工程费中;如按临时征用土地取土时,其临时用地补偿费和青苗补偿费(如果有)及复耕费等列入第三部分征用土地及拆迁补偿费用中。购买路基填料和临时征地费用不得重复计算。

购买路基填料和绿化苗木的费用不作为其他工程费和间接费的计算基数。

(二)直接费

1. 人工费

公路工程生产工人人工费单价按 43.5 元/工日计算。人工费单价仅作为编制公路工程概、预算的依据,不作为施工企业实发工资的依据。

2. 材料费

①地方材料:有条件自采的,应尽量进行自采,自采材料价格不得高于市场购买价格。

②运杂费:施工单位自办汽车运输运价,按照表 1 计算。

表 1　施工单位自办汽车运输运价表

全程运距(L)		L≤5	5<L≤15	5<L≤30	5<L≤50	5<L≤100	L>100
		元/[t·(1~5km)]	每增运 1km[元/(t·km)]				
运价	地方材料	6.0	0.65	0.60	0.55	0.50	0.45
	外购材料	13.0					
	沥青、燃料等	19.0					

注:1. 运价中含装卸费;

2. 外购材料:除沥青、燃料、爆破材料之外的全部外购材料;

3. 沥青、燃料等:指沥青、燃料(汽油、柴油、重油)、爆破材料(炸药、雷管、导火索等)。

③材料场外运输操作损耗：汽车运输按一次装卸计算。

④材料预算单价：也可通过市场调查直接取定，不再进行运杂费计算。

3. 施工机械使用费

施工机械台班单价由不变费用和可变费用组成，可变费用中的养路费及车船使用税，按照山西省人民政府办公厅晋政发〔1994〕61号《关于调整公路养路费和大运公路车辆通行费征收标准的通知》、山西省人民政府令2008年第215号《山西省公路养路费征收管理规定》、山西省人民政府令2007年第208号《山西省实施〈中华人民共和国车船税暂行条例〉和〈中华人民共和国车船税暂行条例〉实施细则办法》的相关规定计算，常用施工车辆的养路费及车船使用税可参照省定额管理站发布的规定计算，但不作为施工企业实际缴纳税费的依据。

4. 其他工程费

(1)冬季施工增加费。

①绿化工程(含绿化苗木运输)，不计此项费用。

②室内及隧道内完成的机电工程等，按《部编办》规定的隧道费率计算。

③高级路面(含商品混凝土)，按《部编办》规定的其他路面费率计算。

④当年完工且工期在8个月以内的建设项目和养护大中修工程(抢险、救灾等特殊工程除外)及农村公路或根据施工组织设计不需在冬季施工的工程，不计此项费用。

(2)雨季施工增加费：室内和隧道内完成的工程，不计此项费用。

(3)特殊地区施工增加费：不计。

(4)行车干扰施工增加费。

受行车干扰影响的工程指：在路基宽度范围内，边施工、边维持通车的工程。改建工程改线路段、农村公路和修建了临时便道的工程、高速公路封闭施工的工程，不计此项费用。旧路改建路基拓宽部分、高速公路半幅通车、半幅封闭施工和一级公路按《部编办》规定费率的50%计算。

受行车干扰影响的工程，工程量应单独进行计算，未单独计算的可酌情按是否受行车干扰的工程比重调整费率。

(5)安全及文明施工措施费。

养护大中修工程和改建工程，施工期间为保证交通安全而临时设置的标志、隔离设施以及交通管理人员等支出的费用，以各类工程的直接工程费之和为基数，高速公路、一级公路和其他等级公路在《部编办》规定费率基础上分别按增加0.6%、0.30%、0.25%，计算此项费用。

施工招标安全生产费用单列的，编制施工招标控制价时，可从安全及文明施工措施费和相应的分项工程费用中提取，不得重复计算。

(6)临时设施费。

改建工程，按《部编办》规定费率的70%计，养护大中修工程和农村公路，按《部编办》规定费率的50%计。

(7)施工辅助费。

养护大中修工程和农村公路，按《部编办》规定的60%计算。

(8)工地转移费。

工地转移距离，高速公路、一级公路按 200km 计算，二级及以下等级公路及养护大中修工程，按 100km 计算，农村公路不计此项费用。

(三)间接费

1.规费

规费包括施工企业必须按规定缴纳的养老保险费、失业保险费、医疗保险费(含生育保险费)、住房公积金和工伤保险费，各项规定以各类工程的人工费之和为基数，按表 2 的费率计算。

表 2　规费费率表(%)

规费名称	养老保险费	失业保险费	医疗保险费	住房公积金	工伤保险费
费率	20	2	6.7	8.5	1

2.企业管理费

(1)基本费用

农村公路按《部编办》规定费率的 50%计。

(2)主副食运费补贴

综合里程：高速公路、一级公路按 20km 计算，其他等级公路，按 15km 计，农村公路，按 5km 计。

(3)取工探亲路费

工期小于 6 个月的建设项目和养护大中修工程及农村公路，不计此项费用。

(4)职工取暖补贴

当年完工且工期小于 8 个月的建设项目、养护大中修工程(抢险救灾工程除外)，农村公路，不计此项费用。

(5)财务费用

新、改建二级(收费公路除外)及以下等级公路、养护大中修工程和农村公路，分别按《部编办》规定费率的 80%和 40%计取此项费用。

四、设备、工具、器具及家具购置费

(一)设备购置费

养护设备，指为满足建设项目交付使用初期日常养护所必须购置的机械、设备和工具、器具(不包括养护大中修工程需要的大型机械设备)，改建工程和公路养护大中修工程，不计此项费用。

(二)办公和生活用家具购置费

养护大中修工程，按《部编办》规定费率的 50%计算，农村公路按 1 000 元/km 计算。

五、工程建设其他费用

(一)建设单位(业主)管理费

建设单位(业主)管理费系指建设单位(业主)为建设项目的立项、筹建、竣(交)工验收、总结等工作所发生的费用，不包括应计入设备、材料预算价格的建设单位采购及保管设备、材料所需的费用。

费用内容包括:工作人员的工资、工资性补贴、施工现场津贴、社会保障费用(基本养老、基本医疗、失业、工伤保险)、住房公积金、职工福利费、工会经费、劳动保护费;办公费、会议费、差旅交通费、固定资产使用费(包括办公及生活房屋折旧、维修或租赁费,车辆折旧、维修、使用或租赁费,通信设备购置、使用费,测量、试验设备仪器折旧、维修或租赁费,其他设备折旧、维修或租赁费等)、零星固定资产购置费、招募生产工人费;技术图书资料费、职工教育经费、工程招标费(含标底或造价控制值编制费等);合同契约公证费、法律顾问费、咨询费;建设单位的临时设施费、完工清理费、竣(交)工验收费(含其他行业或部门要求的竣工验收费用)、各种税费(包括房产税、车船使用税、印花税等);建设项目审计费、境内外融资费用(不含建设期贷款利息)、业务招待费、安全生产管理费、环境监测费、征地与拆迁管理费(土地征用及拆迁补偿费中不再计列)和其他管理性开支。

工程招标,招标人具备条件的,可自行办理招标事宜,当委托有资质的单位代理招标时,其代理费应在建设单位(业主)管理费中支出,当招标人与招标代理共同办理招标的,招标代理费按招标代理所完成的工作量支付。

(二)工程定额测定费

工程定额测定费以建筑安装工程费总额为基数,按 0.11%计算。

(三)设计文件审查费

设计文件审查费以建筑安装工程费总额为基数,按 0.08%计算。

(四)竣(交)工验收试验检测费

养护大中修工程,按《部编办》的 50%计算。

(五)工程质量监督费

工程定额测定费以建筑安装工程费用总额为基数,按初步设计审批核定费用缴交财政专户。

六、建设项目前期工作费

设计、施工、监理招标、招标文件及招标控制价或清单预算编制费,不单独计算。其中:施工招标文件第二(技术规范)、三(工程量清单)、四(图纸)卷编制费从勘察设计费中支出,其余招标文件编制费从建设单位(业主)管理费中支出。

七、施工机构迁移费

不计取此项费用。

八、联合试运转费

二级及以下等级公路和养护大中修工程,不计取此项费用。

九、生产人员培训费

二级及以下等级公路(收费公路除外)、养护大中修工程,不计取此项费用。

十、取费基数

1. 其他工程费(行车干扰施工增加费除外)、企业管理费以山西省交通厅规定的工、料、机单价为基数进行计算。

2. 利润按“山西基价”计算的直接费与间接费之和扣除规费的7%计算。

3. 建设单位(业主)管理费、工程监理费、设计文件审查费、联合试运转费等均以“山西基价”计算的建筑安装工程费为基数进行计算。

十一、预备费

价差预备费:

1. 年工程造价增涨率按国家或省有关部门公布的工程投资价格指数计算,此项费用,未经交通主管部门批准不得动用。

2. 设计文件编制至工程完工在一年以内的工程和养护大中修工程、农村公路,不计取此项费用。

十二、公路交工前养护费指标

公路交工前养护费为陆续完工的路段,在路段交工初验时止,以路面为主包括路基、构造物在内的养护费用。按全线里程及平均养护月数,以表3的标准计算,并另按路面工程类别计算其他工程费和间接费。

表3 公路交工前养护费指标

公路等级	平均养护月数		月养护工日(工日/km)	备注
	新改建	大中修		
高速、一级	4	1	50	路基、路面工程分别编制概预算的,平均养护月数分别按60%和40%计算。
二、三级	2	1	30	
四级及农村公路	1	0.5	20	

十三、可行性研究报告投资估算编制原则

公路基本建设工程、养护大中修工程的可行性研究报告投资估算,在交通部新的估算指标和估算编制办法颁布之前,原则上按初步设计概算深度编制。

十四、造价软件的监管

凡进入我省公路建设市场的造价软件,必须通过交通部组织测评,并及时提供技术服务。造价管理部门将加强对造价软件计算功能的监管。

二〇〇八年七月一日

内蒙古自治区公路工程基本建设项目概算预算编制办法补充规定

为了认真贯彻执行交通部2007年第33号《关于公布〈公路工程基本建设项目概算预算编制办法〉(JTG B06—2007)及《公路工程概算定额》(JTG/T B06-01—2007)、《公路工程预算定额》(JTG/T B06-02—2007)、《公路工程机械台班费用定额》(JTG/T B06-03—2007)的公告》(以下简称新《办法》)。结合我区实际情况,特制定本补充规定(以下简称新《规定》)。自2008年7月1日起施行。

一、人工费

人工费单价的计算按新《办法》执行。

在编制概算、预算时,应按表1所列人工单价执行。如一条路线跨越二个以上不同人工单价的地区时,按各地通过的里程,用加权平均法计算全线的人工单价。

表1　内蒙古自治区各盟市人工费工日单价

地　　区	人工费(元/日)
呼和浩特、包头(市区、固阳县、土默特右旗)、呼伦贝尔(扎兰屯市、阿荣旗)、兴安盟(阿尔山市除外)、通辽(霍林郭勒市除外)、赤峰、乌兰察布(集宁区、丰镇市、卓资县、兴和县、凉城县、察哈尔右翼前旗)、鄂尔多斯(鄂托克前旗除外)、巴彦淖尔(乌拉特中旗、乌拉特后旗除外)	45.83
包头(达尔罕茂明安联合旗、石拐区)、呼伦贝尔(扎兰屯市、阿荣旗、根河市除外)、兴安盟(阿尔山市)、通辽(霍林郭勒市)、锡林郭勒盟(阿巴嘎旗、苏尼特左旗、苏尼特右旗除外)、乌兰察布(察哈尔右翼中旗、哈尔右翼后旗、商都县、化德县)、鄂尔多斯市(鄂托克前旗)、巴彦淖尔市(乌拉特中旗)	51.53
包头(白云矿区)、呼伦贝尔(根河市)、锡林郭勒盟(阿巴嘎旗、苏尼特左旗、苏尼特右旗)、乌兰察布(四子王旗)、巴彦淖尔市(乌拉特后旗)、乌海、阿拉善盟	61.22

二、材料费

材料费按新《办法》执行。

主要材料原价按自治区公路工程定额站每季度发布的信息价格,作为建设项目控制投资编制估算、概算、预算的依据;其他材料按实计算。

三、材料运费

材料运费按新《办法》计取。

(一)材料运价计算

社会汽车按内蒙古交通厅、物价局内交财发〔1992〕336号《关于发布〈内蒙古自治区汽车运输管理细则〉的通知》执行。其中：

1. 对汽车运输里程的划分：

外购材料：10km 及以内的运输，按预算定额计算运价；10～25km 执行社会汽车短途运价；25km 以远的运输，执行社会汽车长途运价。

地产材料：25km 及以内的运输，按预算定额计算运价；25km 以远的运输，执行社会汽车长途运价。

2. 对运输燃料价格上涨调整等级运价的里程范围划分：

10km(不含)～25km(含)按 15%；

25km(不含)～50km(含)按 12%；

50km(不含)～100km(含)按 10%；

100km 以远按 7%。

以上运价计算仅作为建设项目控制投资即编制造价文件的依据，不作为施工单位结算的依据。

公路建设市场施工企业在招投标及施工活动中，应执行内蒙古发改委和内蒙古交通厅联合发布的内发改费字〔2007〕2285 号《关于认真做好疏导交通运输行业价格矛盾的通知》。

(二)装卸费

装卸费按表 2 执行。

表 2　自治区公路主要建筑材料汽车货物装卸费用表

货物类别	货 物 名 称	装卸费用(元/t)	
		呼市、包头、乌兰察布市、巴彦淖尔市、鄂尔多斯市、乌海	阿盟、锡盟、赤峰、通辽、兴安盟、呼伦贝尔市
一类货物	砂子、片石、粒石、卵石、各种土、青灰、炉渣、炉灰	3.50	4.40
二类货物	木材、袋装水泥及其制品、钢材、砖、瓦块石、生石灰、原煤、块煤、粉煤灰	4.50	5.40
特种货物	沥青、汽油、柴油	7.00	7.50

注：1. 本费用只对公路工程计价定价文件中主要建筑材料计取装卸费用时适用；

2. 本费用中货物类别的划分是按照乌呼包(1991)联字 1 号“关于调整三地区装卸、搬运、理货起重价格的通知”中的货物分类划分的；

3. 货物的重量按实际毛重计算，所有货物均折算成重量单位“吨”来计算，费用单位为“元/t”，尾数不足 50kg 的进到 50kg；

4. 本费用均为人工、机械装卸的综合费用。

四、规费

规费按新《办法》计列，按自治区现行规定执行。

二○○八年七月一日

辽宁省关于贯彻执行交通部《公路工程基本建设项目概算预算编制办法》有关补充规定的通知

根据交通部〔2007〕33号公告发布的“关于公布《公路工程基本建设项目概算预算编制办法》(JTG B06—2007)及《公路工程概算定额》(JTG/T B06-01—2007)、《公路工程预算定额》(JTG/T B06-02—2007)、《公路工程机械台班费用定额》(JTG/T B06-03—2007)的公告”(以下简称新《编制办法》)及部有关文件要求，结合我省公路基本建设工程的具体情况，省厅制定有关补充规定如下，请一并遵照执行。

一、2008年7月1日之前，已批准的“初步设计概算”、“施工图设计预算”、“清单预算”等概算、预算不再调整。

二、自2008年7月1日起，我省公路建设项目概预算的编制均应按新《编制办法》、本补充规定及省其他有关规定执行。

三、根据有关规定和测算，我省公路建设项目概预算采用统一的人工费单价，人工费单价为45.59元/工日。人工费单价标准仅作为编制概算预算的依据，不作为施工企业实发工资的依据，今后将根据国家人工工资政策的变化适时调整并发布。

四、结合我省相关文件规定，间接费中的规费费率为41%，计算基数为人工费，其中：养老保险费20%；失业保险费2%；医疗保险费8%；住房公积金10%；工伤保险费1%。规费费率仅作为编制概、预算的依据，不作为施工企业实际交纳费用的依据。

五、其他工程费、间接费中的企业管理费、利润和税金均按部颁费率执行。

六、公路工程建设项目投资估算的编制，在交通部未颁布估算指标定额之前仍按交路发〔1996〕611号文执行。

七、请各有关单位在实践中注意总结经验，在执行过程中若有建议请及时反馈。

八、本补充规定由省交通厅负责解释。

二〇〇八年六月二十七日

吉林省公路工程基本建设项目概算预算编制办法补充规定

各市(州)交通局、长白山管委会、厅直各有关单位:

根据交通部颁布的《公路工程基本建设项目概算预算编制办法》(以下简称《编制办法》)(JTG B06—2007)及《公路工程概算定额》(JTG/T B06-01—2007)、《公路工程预算定额》(JTG/T B06-02—2007)、《公路工程机械台班费用定额》(JTG/T B06-03—2007),结合我省公路工程建设实际情况,省厅制定《吉林省〈公路工程基本建设项目概算预算编制办法〉补充规定》,现印发给你们,请遵照执行。

凡在 2008 年 7 月 1 日前已完成初步设计、施工图设计尚未审批的项目,应按本补充规定执行。已审批的项目不再进行调整。

本补充规定自 2008 年 7 月 1 日起施行,原省厅发布的《吉林省公路基本建设工程概算、预算编制办法补充规定》(吉交定额字〔2001〕4 号)、《关于调整取费等级划分的通知》(吉交发〔2003〕24 号)同时废止。执行中的有关问题,由省交通工程造价管理站负责解释。

附件:吉林省《公路工程基本建设项目概算预算编制办法》补充规定

二〇〇八年六月

附　件

吉林省《公路工程基本建设项目概算预算编制办法》补充规定

为加强我省公路工程基本建设项目的造价管理，统一全省公路工程的概算、预算编制原则，结合我省公路建设实际情况，特制定以下补充规定。

一、概、预算文件的组成及要求

概、预算文件由封面及目录，概、预算编制说明及全部概、预算计算表格组成。概、预算文件按不同的需要分为两组，甲组文件为各项费用计算表，乙组文件为建筑安装工程费各项基础数据计算表。甲、乙组文件应分别出版排册。甲组文件与工程主体排册，乙组文件 08-1 独立成册，其他乙组文件单独排册。甲、乙组文件扉页的次页格式如下：

1. 甲组文件扉页的次页格式

同设计主体文件名称

××阶段初步（施工图）设计概算（预算）

全长　　公里

第　册　共　册

编制：[签字并加盖执业（从业）资格印章]

复核：[签字并加盖执业（从业）资格印章]

（编制单位）

年　　月

2. 乙组文件 08-1 扉页的次页格式

同设计主体文件名称

××阶段初步（施工图）设计概算（预算）

全长　　公里

概算（预算）乙组文件 08-1

编制：[签字并加盖执业（从业）资格印章]

复核：[签字并加盖执业（从业）资格印章]

（编制单位）

年　　月

3. 乙组文件扉页的次页格式(除08-1表以外乙组文件)

同设计主体文件名称

××阶段初步(施工图)设计概算(预算)

全长　　公里

概算(预算)乙组文件

第　册　共　册

编制:[签字并加盖执业(从业)资格印章]

复核:[签字并加盖执业(从业)资格印章]

(编制单位)

年　月

一个建设项目由不同设计单位进行设计时,应由主体设计单位统一汇总,统一概、预算编制格式(项、目、节、细目的划分等)。

二、人工费

人工费系指列入概、预算定额的直接从事建筑安装工程施工的生产工人开支的各项费用。

人工费单价按省厅发布的《吉林省公路工程人工费单价》的通知执行。

人工费单价仅作为编制概、预算的依据,不作为施工企业实发工资的依据。

三、材料费

材料预算价格由材料原价、运杂费、场外运输损耗、采购及仓库保管费组成。

1. 材料原价

材料原价应按实计取。省厅发布的《吉林省公路工程材料价格信息》作为计算预算单价的指导性价格。

2. 运杂费

公路运杂费按省厅发布的标准计算,铁路运杂费按铁路部门发布的标准计算,但不作为施工单位与承运单位结算的依据。

四、施工机械使用费

施工机械台班单价由不变费用和可变费用组成。可变费用中机上人员人工费单价同生产工人人工费单价;动力燃料费按当地的动力物资的工地预算价格计算;养路费及车船使用税按国家、省有关规定计算。

五、行车干扰工程施工增加费

行车干扰工程施工增加费系指由于边施工边维持通车,受行车干扰的影响,致使人工、机械效率降低而增加的费用。根据工程实际情况,旧路利用半幅(一侧)加宽改建为一级公路时,受干扰影响工程部分其行车干扰工程施工增加费费率按《编制办法》规定费率的70%计取。若已计便道,不得再计行车干扰工程施工增加费。

六、规费

各项费用以各类工程的人工费之和为基数,按表1费率计算。

表1 规费费率表(%)

名　称	养老保险费	失业保险费	医疗保险费	住房公积金	工伤保险费
费率	21	2	6.7	8	1

注:医疗保险费中含生育保险费0.7%。

各项规费将按国家、省政府的政策变化适时调整。

七、建设单位(业主)管理费

一个建设项目分段编制概、预算时,应根据建设单位管辖的段落计取建设单位(业主)管理费。

八、交通部和省厅发布的各项费率,是各级交通主管部门控制投资的主要依据和建设单位考核的依据。

九、本补充规定未作说明的各项费用,仍按部颁《编制办法》及国家、省有关规定执行。

黑龙江省公路工程基本建设项目概算预算编制办法补充规定

为了更好地贯彻执行中华人民共和国交通部公告(2007年第33号),关于公布《公路工程基本建设项目概算预算编制办法》(JTG B06—2007)(以下简称《编制办法》)及《公路工程概算定额》(JTG/T B06-01—2007)、《公路工程预算定额》(JTG/T B06-02—2007)、《公路工程机械台班费用定额》(JTG/T B06-03—2007)的公告要求。结合我省公路工程建设实际情况,特制定黑龙江省公路工程基本建设项目概算预算编制办法补充规定(以下简称"补充规定")。

第一部分　建筑安装工程费

建筑安装工程费包括直接费、间接费、利润、税金。

一、直接费

直接费由直接工程费和其他工程费组成。

(一)直接工程费

直接工程费是指施工过程中耗费的构成工程实体和有助于工程形成的各项费用,包括人工费、材料费、施工机械使用费。

1. 人工费

人工费以概、预算定额人工工日数乘以每工日人工费计算。

根据《编制办法》中的公路工程生产工人每工日人工费公式计算。

其中生产工人基本工资按黑龙江省劳动和社会保障部门发布的最低工资标准的1.2倍计算。黑龙江省各地市公路工程生产工人每工日人工费见表1-1。

表1-1　黑龙江省各地市公路工程生产工人每工日人工费表

地　区		人工费(元/工日)
非艰苦地区	哈尔滨市区	59.34
	大庆市区	53.78
	齐齐哈尔市区(建华区、龙沙区、铁锋区、昂昂溪区、富拉尔基区、碾子山区、梅里斯达翰尔族区除外)	44.64
	牡丹江;佳木斯;黑河市区(爱辉区除外)	44.91
	鸡西(鸡冠区、恒山区、滴道区、梨树区、麻山区、城子河区除外)、鹤岗市区(兴山区、向阳区、工农区、南山区、兴安区、东山区除外)、双鸭山市区(尖山区、岭东区、四方台区、宝山区除外)、七台河市区(桃山区、新兴区、茄子河区除外)	43.42

续上表

<table>
<tr><th colspan="3">地　区</th><th>人工费
(元/工日)</th></tr>
<tr><td rowspan="4">非艰苦地区</td><td colspan="2">绥化市区(北林区除外)
大兴安岭地区(加格达奇区、松岭区、新林区、呼中区、呼玛县、塔河县、漠河县除外)</td><td>41.04</td></tr>
<tr><td colspan="2">伊春市(伊春区、南岔区、友好区、西林区、翠峦区、新青区、美溪区、五营区、金山屯区、带岭区、红星区、乌马河区、汤旺河区、乌伊岭区、上甘岭区除外)</td><td rowspan="2">39.85</td></tr>
<tr><td colspan="2">县级市(以下除外)</td></tr>
<tr><td colspan="2">其他各县(以下除外)</td><td>38.66</td></tr>
<tr><td rowspan="10">艰苦地区</td><td rowspan="3">I类</td><td>尚志市、五常市、海林市、宁安市、富锦市、安达市、海伦市、铁力市</td><td>43.84</td></tr>
<tr><td>绥化市(北林区)</td><td>45.03</td></tr>
<tr><td>依兰县、方正县、宾县、巴彦县、木兰县、通河县、延寿县、肇州县、肇源县、林甸县、龙江县、依安县、富裕县、林口县、桦南县、桦川县、汤原县、友谊县、望奎县、青冈县、庆安县、绥棱县、勃利县</td><td>42.65</td></tr>
<tr><td rowspan="5">II类</td><td>杜尔伯特蒙古族自治县、甘南县、克山县、克东县、拜泉县、东宁县、抚远县、嫩江县、鸡东县、萝北县、绥滨县、集贤县、兰西县、明水县、宝清县、饶河县、嘉荫县</td><td>46.07</td></tr>
<tr><td>绥芬河市、黑河市(爱辉区)</td><td>52.32</td></tr>
<tr><td>齐齐哈尔市区(建华区、龙沙区、铁锋区、昂昂溪区、富拉尔基区、碾子山区、梅里斯达斡尔族区)</td><td>52.05</td></tr>
<tr><td>鸡西市(鸡冠区、恒山区、滴道区、梨树区、麻山区、城子河区)
鹤岗市(兴山区、向阳区、工农区、南山区、兴安区、东山区)
双鸭山(尖山区、岭东区、四方台区、宝山区)
七台河(桃山区、新兴区、茄子河区)</td><td>50.83</td></tr>
<tr><td>讷河市、穆棱市、同江市、北安市、五大连池市、虎林市、密山市
伊春市(伊春区、南岔区、友好区、西林区、翠峦区、新青区、美溪区、五营区、金山屯区、带岭区、红星区、乌马河区、汤旺河区、乌伊岭区、上甘岭区)</td><td>47.26</td></tr>
<tr><td rowspan="2">III类</td><td>黑河(逊克县、孙吴县)大兴安岭地区(呼玛县、塔河县、漠河县)</td><td>51.77</td></tr>
<tr><td>大兴安岭地区(加格达奇区、松岭区、新林区、呼中区)</td><td>54.15</td></tr>
</table>

一条路线通过不同行政区域时,应分别计取人工费单价或按路线长度加权计算人工费单价。

人工费单价仅作为编制概算、预算的依据,不作为施工企业实发工资的依据。

2.材料费

(1)材料供应价格

①钢材、木材、水泥、沥青、汽油、柴油、渣油等主要材料价格,由省公路工程造价管理总站通过调查编制全省各地区的材料供应价格信息,供编制概预算使用。

②地方性材料:地方性材料包括外购的砂、石材料等,概预算编制单位按实地调查平均价格计算。

(2)运杂费

①铁路运输

a.铁路货物运输按国家发展改革委员会与铁道部联合发布的发改价格〔2007〕2895号文"关于调整铁路货物运输价格的通知"中"铁路货物运价率表"的规定执行。

b.铁路货物装卸费(铁路站内)按铁道部铁运〔2005〕5号文"铁道部关于修订并重新公布'铁路货物装卸作业计费办法'的通知"的规定执行。

②公路运输

a.公路运输费按国家计委交公路发〔1998〕502号文"关于发布'汽车货物运价规则'的通知"和黑龙江省交通厅、物价局发布的黑价联字〔1998〕第280号文"关于印发'黑龙江省汽车运价规则'的通知"规定执行。

b.装卸搬运费

汽车装卸搬运费(火车专用线)按照省物价局黑价联字〔1996〕79号和省交通厅黑交〔1996〕326号文联合发布的"关于整顿装卸搬运价格的通知"规定执行。

3.施工机械使用费

施工机械使用费系指列入概算、预算定额的施工机械台班用量,按相应的机械台班费用定额计算的施工机械使用费和小型机具使用费。

(1)机械台班单价包括不变费用和可变费用。可变费用中机上人员工资标准按相应的人工费单价执行,动力燃料费按当地预算价格执行。

(2)公路养路费按照省交通厅、物价局、财政厅黑财〔1996〕133号文"黑龙江省交通厅关于调整公路养路费征收标准的通知"的规定每月每吨位200元执行。

(3)车船使用税按照《黑龙江省车船税实施办法》(黑政发〔2007〕62号)规定车船税的计税标准与方法执行。

(二)其他工程费

风沙地区施工增加费:我省泰来县执行风沙一区中固定沙漠类型取费标准。

临时设施费、施工辅助费、工地转移费:新建、改建工程按《编制办法》执行;大中修工程按《编制办法》取值后分别乘以0.8的系数。

二、间接费

间接费由规费和企业管理费两项组成。

1.规费

各项规费以各类工程的人工费之和为基数,按以下标准计算。

(1)养老保险费 20%;

(2)失业保险费 2%;

(3)医疗保险费 6%;

(4)住房公积金 5%;

(5)工伤保险费 1.5%。

2.企业管理费

新建、改建工程按《编制办法》执行,大中修工程按《编制办法》取值后分别乘以0.8的系数。工期在一年内且不在取暖期内施工的项目不计职工取暖补贴。

第二部分　工器具及生产用家具购置费(按《编制办法》执行)

第三部分　工程建设其他费用

建设单位(业主)管理费:一个建设项目分段编制概、预算时,应根据项目业主管辖的段落统一计取建设单位(业主)管理费。

概算、预算编制工作应由有相应资格的设计、工程(造价)咨询单位负责编制,编制、审核人员必须持有公路工程造价人员执业资格证书,并对工程造价文件的编制质量负责。公路设计、施工、管理、养护等部门应加强基本建设项目管理,配备和充实公路工程造价人员,切实做好我省公路工程各阶段造价管理工作。

本"补充规定"解释权属于黑龙江省交通厅,日常解释和管理工作由黑龙江省公路工程造价管理总站负责。

二〇〇八年一月

上海市公路工程基本建设项目概算预算编制办法补充规定

一、凡在 2008 年 7 月 1 日前已批准的公路基本建设项目造价文件,仍执行原定额和办法,造价不再进行调整;在 2008 年 7 月 1 日前上报尚未审批的公路工程基本建设项目造价文件,应按《公路工程基本建设项目概算预算编制办法》(JTG B06—2007)(以下简称部《编制办法》)及《公路工程概算定额》(JTG/T B06-01—2007)、《公路工程预算定额》(JTG/T B06-02—2007)、《公路工程机械台班费用定额》(JTG/T B06-03—2007)(以下简称新《定额》)编制;自 2008 年 7 月 1 日起一律执行部《编制办法》及新《定额》。

二、第一部分建筑安装工程费

建筑安装工程费包括直接费、间接费、利润、税金。

(一)直接费

直接费由直接工程费和其他工程费组成。

1. 直接工程费

直接工程费是指施工过程中耗费的构成工程实体和有助于工程形成的各项费用,包括人工费、材料费、施工机械使用费。

(1)人工费:新建和改建的公路工程基本建设项目,人工工资(含机械工)按 54.72 元/工日,今后将根据本市人工工资政策的变化适时调整发布。

人工费单价仅作为编制概算、预算的依据,不作为施工企业实发工资的依据。

(2)材料费、施工机械使用费参照上海市市政公路价格信息的预算价格计算。

2. 其他工程费

其他工程费的取费标准见表 1。

表 1　其他工程费取费标准

费用名称	新建和改建公路	费用名称	新建和改建公路
冬季施工增加费	按准二区费率	安全文明施工措施费	部颁费率
雨季施工增加费	4 个月雨季 II 雨量区费率	临时设施费	部颁费率
夜间施工增加费	部颁费率	施工辅助费	部颁费率
特殊地区施工增加费	见备注	工地转移费	按 50km 计取
行车干扰工程施工增加费	(改建工程计列)部颁费率		

注:本市不计高原地区施工增加费和风沙地区施工增加费,沿海地区工程施工增加费仅计列沿海地区施工受海风、海浪和潮汐影响的工程项目,按部颁费率计取。

(二)间接费

间接费由规费和企业管理费两项组成。

1.规费

规费包括企业必须缴纳的养老保险费、失业保险费、医疗保险费(含生育保险费)、住房公积金和工伤保险费,均以各类工程的人工费之和为基数,规费取费标准见表2。规费费率仅作为编制概算、预算的依据,不作为施工企业实际交纳费用的依据。

表2 规费取费标准

养老保险费	22%	住房公积金	7%
失业保险费	2%	工伤保险费	0.5%
医疗保险费(含生育保险费)	12.5%	规费合计	44%

2.企业管理费

企业管理费由基本费用、主副食运费补贴、职工探亲路费、职工取暖补贴、财务费用组成,各项费率见表3。

表3 企业管理费费率标准

基本费用	部颁费率	基本费用	部颁费率
主副食运费补贴	按5km计取	职工取暖补贴	按准二区费率
职工探亲路费	部颁费率×0.7	财务费用	部颁费率

3.辅助生产间接费

根据上海地区公路工程施工情况不计取。

(三)利润

利润按直接费与间接费之和扣除规费为基数乘以7%计算。

(四)税金

综合税率见部颁费率。

三、第二部分工器具及生产用家具购置费,按部《编制办法》执行。

四、第三部分工程建设其他费用,按部《编制办法》和上海市有关规定执行。

五、其他事项

1.工程质量监督费、工程定额测定费

依据上海市人民政府文件(沪府发〔2008〕26号)《上海市人民政府关于公布本市取消和停止征收148项行政事业性收费项目的通知》的精神,从2008年7月1日起上海市公路工程基本建设项目的工程质量监督费、工程定额测定费目前暂停征收。

2.施工机构迁移费

根据上海地区公路工程施工情况不计取。

3.本补充规定未作具体说明的其他项目及其计算标准,均按部《编制办法》的相关规定计列和计算。

4.交通部和本办法所作的上述概算、预算编制规定,作为设计单位编制工程项目概算、预算以及各级交通主管部门合理确定和控制投资的依据,不作为业主与承包人办理工程结算的依据。

5.公路工程造价软件是编制概算预算等造价的重要工具,其质量的高低和基础数据的准确与否,直接影响造价计量结果的正确性和合理性,故要求进入本市公路建设市场的造价软件，必须通过交通部组织的评测，否则将按非法软件处理。今后，造价管理部门将加强对造价软件计算标准的监管。

6. 本补充规定自 2008 年 7 月 1 日起实施，此后按部《编制办法》、新《定额》报批的工程项目概算预算等造价均按本补充规定执行。

7. 原发布"上海市执行交通部《公路基本建设概算、预算编制办法》补充规定（沪市政计〔1997〕第 1009 号）"同时废止。

二〇〇八年七月一日

江苏省公路工程基本建设项目概算预算编制办法补充规定

各市交通局、各有关单位：

根据有关文件精神，结合我省工程实际，现将我省交通建设工程人工费单价调整如下：

一、公路工程人工费单价的调整

根据交通部2007年第33号公告公布施行的"《公路工程基本建设项目概算预算编制办法》(JTG B06—2007)(以下简称新《办法》)及《公路工程概算定额》(JTG/T B06-01—2007)、《公路工程预算定额》(JTG/T B06-02—2007)、《公路工程机械台班费用定额》(JTG/T B06-03—2007)的公告"的通知精神(以下简称新《定额》)及部有关文件要求，新《办法》、新《定额》将在2008年7月1日起全面施行。为配合新《办法》、新《定额》在我省的公路工程中全面施行，结合工程我省公路工程实际情况，现将我省的公路工程人工费单价调整如下：

1.人工费单价调整至52.02元/工日；机械人工费单价调整至58.14元/工日。

2.执行时间2008年7月1日起，在此之前已批复的工程可行性研究估算和初步设计概算不再调整。

二、水运工程人工费单价的调整

1.水运工程(内河航道、船闸、港口码头)人工费单价调整至30元/工日。待交通部修改完善后的《内河航运定额》发布施行后，水运工程人工费单价再做新的调整。

2.执行时间2008年7月1日起，在此之前已批复的工程可行性研究估算和初步设计概算不再调整。

三、交通养护工程的人工费单价可参照执行。

四、人工费单价仅作为概、预算编制的依据，不作为施工企业实发工资的依据。

二〇〇八年七月一日

浙江省公路工程基本建设项目概算预算编制办法补充规定

为进一步明确公路工程基本建设项目概算、预算的编制，以合理确定概算、预算，根据交通部 2007 年第 33 号公告公布施行的《公路工程基本建设项目概算预算编制办法》(JTG B06—2007)(以下简称新《编制办法》)及《公路工程概算定额》(JTG/T B06-01—2007)、《公路工程预算定额》(JTG/T B06-02—2007)、《公路工程机械台班费用定额》(JTG/T B06-03—2007)(以下简称新《定额》)，结合我省实际，现就浙江省公路工程概算预算编制补充规定如下：

一、关于新编制办法、新定额执行时间和要求

(一)2008 年 1 月 1 日以前已开工在建的公路工程项目，已批准的概预算不再进行调整，工程实施过程中发生的调概和设计变更，其相应造价的编制应执行新《编制办法》和新《定额》。

(二)2008 年 1 月 1 日以后新建的公路工程项目，根据其前期工作的进展情况，分别按以下规定执行。

1. 2008 年 1 月 1 日以前已完成初步设计文件批复但未开工，或初步设计文件编制完成且已报审的工程项目，其初步设计概算仍执行原办法和原定额，但施工图预算及工程实施过程中发生的调概和设计变更，其相应造价的编制应执行新《编制办法》和新《定额》。

2. 2008 年 1 月 1 日以后报审初步设计的工程项目，不管初步设计文件编制是否已完成，其初步设计概算及后续的施工图预算和工程实施过程中发生的调概、设计变更，其相应造价的编制均执行新《编制办法》和新《定额》。

由于需要对公路造价计算软件进行修改调试和软件市场规范，可执行 6 个月的过渡期，2008 年 6 月底前允许按原《编制办法》和原《定额》编制概预算等造价，自 2008 年 7 月 1 日起一律执行新《编制办法》和新《定额》。

二、关于建筑安装工程费

(一)直接工程费

1. 人工费

我省新建和改建的公路工程基本建设项目，在编制概算、预算时的人工费(含机械工)按 52.42 元/工日的标准计取。今后将根据我省人工工资政策的变化适时调整并发布。

人工费单价仅作为编制概、预算的依据，不作为施工企业实发工资的依据。

2. 材料费

材料费按工程所在地的材料预算价格计算。材料预算价格由材料原价、运杂费、场外运输损耗、采购及仓库保管费组成。

材料原价按实际调查价格或当地规定的预算价格按实计算。当采用自采材料时，可按定额开采单价加辅助生产间接费（按开采人工费的5%计）和矿产资源税（如有）计算，但其价格最高不应超过实际调查价格或当地规定的预算价格。

运杂费、场外运输损耗、采购及仓库保管费按交通部公布的新《编制办法》的规定计算。

3.施工机械使用费

施工机械台班预算价格应按交通部公布的《公路工程机械台班费用定额》(JTG/T B06-03—2007)计算。其中，不变费用按定额规定费用计算，可变费用中的台班人工费工日单价同生产工人人工费单价计算，动力燃料费用按材料费的计算规定计算，养路费及车船使用税按我省的有关规定计算。

（二）其他工程费

1.冬季施工增加费

我省按准二区计算。

2.雨季施工增加费

我省按雨量区II区，雨季期（月数）分别按舟山市4个月，嘉兴、湖州市4.5个月，宁波、绍兴市6个月计算，其他市按7个月计算。

3.特殊地区施工增加费

我省不计高原地区施工增加费和风沙地区施工增加费；沿海地区工程施工增加费仅计列沿海地区施工受海风、海浪和潮汐影响的工程项目。

4.临时设施费

按工程项目不同等级分三类取费（项目分类附后，下同），费率按表1计算。

表1　临时设施费率表(%)

工程类别	费率		
	一类项目	二类项目	三类项目
人工土方	1.57	1.41	1.18
机械土方	1.42	1.28	1.07
汽车运输	0.92	0.83	0.69
人工石方	1.60	1.44	1.20
机械石方	1.97	1.77	1.48
高级路面	1.92	1.73	1.44
其他路面	1.87	1.68	1.40
构造物I	2.65	2.39	1.99
构造物II	3.14	2.83	2.36
构造物III	5.81	5.23	4.36
技术复杂大桥	2.92	2.63	2.19
隧道	2.57	2.31	1.93
钢材及钢结构	2.48	2.23	1.86

(三)间接费

1.规费

规费包括企业必须缴纳的养老保险费、失业保险费、医疗保险费(含生育保险费)、住房公积金和工伤保险费,均以各类工程的人工费之和为基数,费率标准按表2计算。规费费率只作为编制概算预算的依据,不作为施工企业实际交纳费用的依据。

表2 规费费率表(%)

规费名称	养老保险费	失业保险费	医疗保险费	住房公积金	工伤保险费
规费费率	20	2	8	12	1

2.企业管理费

(1)基本费用

按工程项目不同等级分三类取费,费率按表3计算。

表3 基本费用费率表(%)

工程类别	费率		
	一类项目	二类项目	三类项目
人工土方	3.36	3.02	2.52
机械土方	3.26	2.93	2.45
汽车运输	1.44	1.30	1.08
人工石方	3.45	3.11	2.59
机械石方	3.28	2.95	2.46
高级路面	1.91	1.72	1.43
其他路面	3.28	2.95	2.46
构造物I	4.44	4.00	3.33
构造物II	5.53	4.98	4.15
构造物III	9.79	8.81	7.34
技术复杂大桥	4.72	4.25	3.54
隧道	4.22	3.80	3.17
钢材及钢结构	2.42	2.18	1.82

(2)职工探亲路费

按工程项目不同等级分三类取费,费率按表4计算。

表4 职工探亲路费费率表(%)

工程类别	费率		
	一类项目	二类项目	三类项目
人工土方	0.10	0.09	0.08
机械土方	0.22	0.20	0.17
汽车运输	0.14	0.13	0.11

续上表

工程类别	费率		
	一类项目	二类项目	三类项目
人工石方	0.10	0.09	0.08
机械石方	0.22	0.20	0.17
高级路面	0.14	0.13	0.11
其他路面	0.16	0.14	0.12
构造物 I	0.29	0.26	0.22
构造物 II	0.34	0.31	0.26
构造物 III	0.55	0.50	0.41
技术复杂大桥	0.20	0.18	0.15
隧道	0.27	0.24	0.20
钢材及钢结构	0.16	0.14	0.12

(3)职工取暖补贴

我省按准二区费率计算。

(四)利润

利润以直接费与间接费之和扣除规费为基数,按工程项目不同等级分类取费,费率按表5计算。

表5　利润费率表(%)

工程类别	费率		
	一类项目	二类项目	三类项目
利润	7.00	6.30	5.25

三、关于工程建设其他费用

土地征用及拆迁补偿费中的各项费用内容计算标准统一按浙江省人民政府颁布的有关规定和标准计算,浙江省人民政府未颁布有关规定和标准的费用内容,可按项目所在地设区市人民政府颁布的有关规定和标准计算,省、设区市人民政府均未颁布有关规定和标准的费用内容,可参照项目所在地县(市、区)人民政府统一颁布的有关规定和标准计算。

四、关于预备费

预备费由价差预备费及基本预备费两部分组成。需动用预备费时,应按规定报经主管部门核定批准。

五、其他事项

(一)工程项目分类:一类项目指高速公路、一级公路和有特殊要求的桥隧构造物;二类项目指二级公路(含二级加宽)项目;三类项目指三级及三级以下公路项目。

(二)本补充规定未作具体说明的其他费用项目及其计算标准,均按交通部公布的新《编制办法》的相关规定计列和计算。

(三)交通部和我厅所作的上述概算、预算编制规定,作为设计单位编制工程项目概算、预算以及各级交通主管部门合理确定和控制投资的依据,不作为业主与承包人办理工程结算的依据。

(四)公路工程造价软件是编制概算预算等造价的重要工具,其质量的高低和基础数据的准确与否,直接影响造价计算结果的正确性和合理性,故要求进入我省交通建设市场的造价软件,必须通过交通部组织的测评,否则将按非法软件处理。今后,造价管理部门将加强对造价软件计算标准的监管。

(五)本补充规定自发布之日起施行,此后按新《编制办法》、新《定额》报批的工程项目概算预算等造价均按本规定执行。

省交通厅于 1996 年 12 月 16 日印发的《浙江省公路工程有关造价管理的补充规定》(浙交〔1996〕478 号)同时废止。

二〇〇八年七月一日

安徽省公路工程基本建设项目概算预算编制办法补充规定

一、自 2008 年 4 月 1 日起我省公路工程基本建设项目概算预算编制应执行交通部《公路工程基本建设项目概算预算编制办法》(JTG B06—2007)和本补充规定。

二、新建和改建的公路工程基本建设项目,人工工日单价取 43.35 元/工日。人工费单价仅作为编制概算预算的依据,不作为施工企业实发工资的依据,今后将按国家人工工资政策的变化,按时测算并定期发布。

三、间接费中的规费包括企业应缴纳的养老保险、医疗保险(含生育保险)、工伤保险、失业保险和住房公积金等,规费标准为 38.1%,计算基数为人工费。

四、其他工程费、间接费(规费除外)的费率、利润和税金取费标准均暂按交通部《公路工程基本建设项目概算预算编制办法》(JTG B06—2007)执行。

五、公路工程建设项目投资估算的编制,在交通部未颁布新《公路工程估算指标》之前仍按交公路发〔1996〕611 号文执行。

六、本补充规定由省交通工程定额站负责解释。

二〇〇八年七月一日

福建省公路工程基本建设项目概算预算编制办法补充规定

为了加强我省公路基本建设工程的造价管理，统一全省公路工程基本建设项目概算、预算编制原则，根据交通部关于公布《公路工程基本建设项目概算预算编制办法》(JTG B06—2007)(以下简称新《编制办法》)及《公路工程概算定额》(JTG/T B06-01—2007)、《公路工程预算定额》(JTG/T B06-02—2007)、《公路工程机械台班费用定额》(JTG/T B06-03—2007)的公告(以下简称新《定额》)(交通部公告2007年第33号)和《关于〈公路工程基本建设项目概算预算编制办法〉执行时间的通知》(交公便字〔2008〕42号)精神，结合我省实际，特制定以下补充规定。

一、总则

(一)本规定适用于省内新建和改建公路工程基本建设项目的概算和预算的编制，公路养护大、中修工程可参照本规定执行。

(二)概、预算的编制必须由具有相应资格的单位和人员负责，并对其编制质量负责。概预算造价文件的扉页，必须有编制、复核人员签名，并加盖资格印章。

二、执行时间和要求

(一)从2008年7月1日起我省所有公路工程基本建设项目概算预算(含调整概预算和设计变更)编制均应执行新《编制办法》和新《定额》。

(二)2008年7月1日前完成初步设计(施工图设计)文件编制且已报审的工程项目，其初步设计概算(施工图预算及设计变更)可执行原《编制办法》和原《定额》。

三、人工费

人工费(含机械工)单价按表1标准执行。

表1 人工费单价表

适用范围	人工费(元/工日)	备注
厦门市	55	含机械工
除厦门市外其他地区	47	含机械工
船员	66	
潜水员	100	

人工费单价仅作为编制概、预算的依据，不作为施工企业实发工资的依据。

四、材料费

材料费按工程所在地的材料预算价格计算。材料预算价格由材料原价、运杂费、场外运输损耗、采购及仓库保管费组成。

材料原价按实际调查价格或省交通造价站发布的当地市场指导价计算。当采用自采材料时，可按定额开采单价加辅助生产间接费（按开采人工费的5%计）和矿产资源税（如有）计算，但其价格最高不应超过实际调查价格或省交通造价站发布的当地市场指导价。

运杂费、场外运输损耗、采购及仓库保管费按新《编制办法》的相关规定计算。

五、施工机械使用费

施工机械台班预算价格按交通部公布的现行《公路工程机械台班费用定额》（JTG/T B06-03—2007）计算，台班单价由不变费用和可变费用组成。可变费用中的养路费及车船使用税，按我省的有关规定（省交通造价站另行公布）执行。

六、费率标准

（一）特殊地区施工增加费

我省不计高原地区施工增加费和风沙地区施工增加费；沿海地区工程施工增加费仅计列沿海地区施工受海风、海浪和潮汐影响的工程项目，适用范围主要为跨海大桥。有关河口地区河海分界规定如下：

1. 赛江：福安市赛岐大桥以下；

2. 闽江：南港，福州市乌龙江大桥以下；

北港，福州市解放大桥以下；

3. 木兰溪：莆田市三江口大桥以下；

4. 晋江：泉州市后渚大桥以下；

5. 九龙江：龙海市锦江大桥以下。

（二）规费

规费包括企业必须缴纳的养老保险费、失业保险费、医疗保险费（含生育保险费）、住房公积金和工伤保险费，均以各类工程的人工费之和为基数，费率标准按表2计算。

表2　规费费率标准（%）

规费名称	养老保险费	失业保险费	医疗保险费	住房公积金	工伤保险费
规费费率	18	2	7.7	10	1

规费费率只作为编制概算预算的依据，不作为施工企业实际交纳费用的依据。

七、税金、工程质量监督费

（一）税金按新《编制办法》规定执行。

（二）工程质量监督费的收费标准按照省物价局、省财政厅《关于核定交通建设工程质量监督费收费标准的复函》（闽价〔2003〕费545号）核定的收费标准执行。

八、本补充规定未作具体说明的其他费用项目及其计算标准，均按新《编制办法》及新《定额》规定计列和计算。如政策性调整对工程造价影响较大时，对确需调整的费用项目及其计算标准，由省交通造价站结合我省实际情况进行重新测定，经省交通主管部门批准后，另行公布执行。

九、凡进入我省公路建设市场概预算、报价编制软件，必须通过交通部组织的测评，并应提供及时的技术服务。省交通造价站要加强对造价软件计算标准的监管。

十、公路工程建设项目投资估算的编制，在交通部未颁布新《公路工程估算指标》之前仍按交公路发〔1996〕611号文及闽交基〔1996〕261号文的有关规定执行。

十一、本补充规定自2008年7月1日起执行。省交通厅关于印发福建省执行交通部《公路基本建设工程概算预算编制办法》补充规定的通知(闽交基〔1996〕261号)仅适用于估算编制。省交通厅转发交通部《关于完善公路基本建设工程概算预算编制办法有关内容的通知》(闽交建〔2005〕108号)有关内容与本补充规定不一致的,按本补充规定执行。

二〇〇八年七月一日

江西省公路工程基本建设项目概算预算编制办法补充规定

为了加强我省公路工程基本建设工程的造价管理，统一全省公路工程基本建设项目概算、预算编制原则，根据关于公布《公路工程基本建设项目概算预算编制办法》(JTG B06—2007)(以下简称新《编制办法》)及《公路工程概算定额》(JTG/T B06-01—2007)、《公路工程预算定额》(JTG/T B06-02—2007)、《公路工程机械台班费用定额》(JTG/T B06-03—2007)的公告(以下简称新《定额》)(交通部公告2007年第33号)和《关于〈公路工程基本建设项目概算预算编制办法〉执行时间的通知》(交公便字〔2008〕42号)精神，结合我省实际，特制定以下补充规定。

一、总则

(一)本规定适用于省内新建和改建公路工程基本建设项目的概算和预算的编制。公路养护大、中修工程原则上执行《江西省公路养护工程预算编制办法》、《江西省公路养护工程预算定额》及《江西省公路养护工程机械台班费用定额》，缺项部分可参照本规定执行。

(二)概、预算的编制必须由具有相应资格的单位和人员负责，并对其编制质量负责。概预算造价文件的扉页，必须有编制、复核人员签名，并加盖资格印章。

二、执行时间和要求

(一)2008年10月15日起我省所有公路工程基本建设项目概算预算(含调概预算和设计变更)编制均应执行新《编制办法》、新《定额》和本补充规定。

(二)2008年10月15日前完成初步设计(施工图设计)文件编制且已报审的工程项目，其初步设计概算(施工图预算)可执行原编制办法、原补充规定和原定额。

(三)自2008年10月15日起，原补充规定(赣交计发〔1996〕146号)不再使用。

三、人工费单价

我省公路工程生产工人人工费单价和项目类别或公路等级与施工取费等级对应关系见表1。

表1 江西省公路工程生产工人人工费单价表

项目类别或公路等级	高速公路、一级公路、独立特大桥、隧道工程、独立技术复杂大桥	二级公路、厂矿道路、一般独立大桥	三级公路、四级公路、农村公路
施工取费等级	一级	二级	三级
人工费单价(元/工日)	43.90	39.51	35.12

人工费单价仅作为编制概算预算的依据，不作为施工企业实发工资的依据，今后按国家人工工资政策的变化按时测算和发布。

四、材料预算价格

公路工程材料预算价格由材料原价、运杂费、运输损耗及采保费组成。

1. 材料原价。

主要外购材料参考省交通工程造价管理站发布的当期材料价格信息计算；其他外购材料按实际调查价格或工程所在地物资供销部门规定的价格计算。

外购地方材料按实际调查价格或当地主管部门规定的预算价格计算；自采地方材料按部颁公路预算定额中开采单价加辅助生产间接费和矿产资源税(如有)计算。

2. 材料运杂费。

铁路、水路运输材料按主管部门规定的运价和装卸费计算运杂费。25km 以上的长途汽车运输按省物价局和省交通厅统一规定的运价计算[按赣交综发〔1996〕72 号文执行的指导价为 0.45 元/(t·km)]；25km 及以下的短途汽车运输运价按表 2 计算；公路汽车运输外购材料装卸费为 5 元/(t·次)，地方材料装卸费为 2 元/(t·次)。

表 2　25km 及以下短途汽车运输运价表

运距(km)	运价[元/(t·km)]	运距(km)	运价[元/(t·km)]	运距(km)	运价[元/(t·km)]
1	5.15	10	0.75	19	0.52
2	2.71	11	0.71	20	0.51
3	1.89	12	0.67	21	0.50
4	1.48	13	0.64	22	0.49
5	1.24	14	0.61	23	0.48
6	1.08	15	0.59	24	0.47
7	0.96	16	0.57	25	0.46
8	0.87	17	0.55		
9	0.81	18	0.53		

运输运价不包括路桥通行费，如发生应按实际计列。

3. 材料运输损耗及采保费按部颁新《编制办法》的相关规定计算。

五、机械台班单价

公路工程机械台班单价由不变费用和可变费用组成。不变费用应直接采用，可变费用中，台班人工费单价同生产工人人工费单价，动力燃料价格按材料预算价格的计算规定计算，台班养路费及车船使用税按省政府有关规定计算。

六、各项施工取费

1. 冬季施工增加费除南昌、萍乡、景德镇、九江、新余、上饶、抚州和宜春按部颁新《编制办法》规定的准一区费率计算外，其他地区均不计取；雨季施工增加费除南昌、九江、吉安按部颁新《编制办法》规定的 II 区 6 个月费率计算外，其他地区均按 II 区 7 个月费率计算；夜间施工增加费按部颁《编制办法》规定的费率计算；不计取特殊地区施工增加费。

2. 行车干扰工程施工增加费：新建公路建设项目不计，改建项目按老路利用率乘以部颁新

《编制办法》规定的费率计算。

3. 安全及文明施工措施费：一级取费按部颁《编制办法》规定的费率计算，二、三级取费费率见表3。

表3　安全及文明施工措施费费率表(%)

工程类别	二级取费	三级取费	工程类别	二级取费	三级取费
人工土方	0.53	0.47	构造物Ⅰ	0.65	0.58
机械土方	0.53	0.47	构造物Ⅱ	0.70	0.62
汽车运输	0.19	0.17	构造物Ⅲ	1.41	1.27
人工石方	0.53	0.47	技术复杂大桥	0.77	0.69
机械石方	0.53	0.47	隧道	0.66	0.58
高级路面	0.90	0.80	钢桥及钢结构	0.48	0.42
其他路面	0.92	0.82			

4. 临时设施费：一级取费按部颁新《编制办法》规定的费率计算，二、三级取费费率见表4。

表4　临时设施费费率表(%)

工程类别	二级取费	三级取费	工程类别	二级取费	三级取费
人工土方	1.41	1.26	构造物Ⅰ	2.39	2.12
机械土方	1.28	1.14	构造物Ⅱ	2.83	2.51
汽车运输	0.83	0.74	构造物Ⅲ	5.23	4.65
人工石方	1.44	1.28	技术复杂大桥	2.63	2.34
机械石方	1.77	1.58	隧道	2.31	2.06
高级路面	1.73	1.54	钢桥及钢结构	2.23	1.98
其他路面	1.68	1.50			

5. 施工辅助费：一级取费按部颁新《编制办法》规定的费率计算，二、三级取费费率见表5。

表5　施工辅助费费率表(%)

工程类别	二级取费	三级取费	工程类别	二级取费	三级取费
人工土方	0.80	0.71	构造物Ⅰ	1.17	1.04
机械土方	0.44	0.39	构造物Ⅱ	1.40	1.25
汽车运输	0.14	0.13	构造物Ⅲ	2.73	2.42
人工石方	0.77	0.68	技术复杂大桥	1.51	1.34
机械石方	0.41	0.37	隧道	1.11	0.98
高级路面	0.72	0.64	钢桥及钢结构	0.50	0.45
其他路面	0.67	0.59			

6. 工地转移费：一级取费按部颁新《编制办法》规定的费率计算，二、三级取费费率见表6。

表6　工地转移费费率表(%)

工程类别	二级取费					三级取费				
	工地转移距离(km)									
	50	100	300	500	1 000	50	100	300	500	1 000
人工土方	0.14	0.19	0.29	0.39	0.50	0.12	0.17	0.26	0.34	0.45
机械土方	0.45	0.60	0.95	1.23	1.64	0.40	0.54	0.84	1.10	1.46
汽车运输	0.28	0.36	0.56	0.74	0.96	0.25	0.32	0.5	0.66	0.86
人工石方	0.14	0.20	0.30	0.40	0.52	0.13	0.18	0.26	0.36	0.46
机械石方	0.32	0.39	0.67	0.87	1.15	0.29	0.34	0.59	0.78	1.02
高级路面	0.55	0.75	1.17	1.53	2.04	0.49	0.66	1.04	1.36	1.82
其他路面	0.50	0.68	1.06	1.39	1.85	0.45	0.60	0.94	1.23	1.65
构造物I	0.50	0.68	1.06	1.39	1.85	0.45	0.60	0.94	1.23	1.65
构造物II	0.59	0.80	1.26	1.65	2.20	0.53	0.71	1.12	1.46	1.96
构造物III	1.18	1.59	2.49	3.26	4.36	1.05	1.42	2.22	2.90	3.88
技术复杂大桥	0.68	0.91	1.42	1.85	2.48	0.60	0.81	1.26	1.65	2.21
隧道	0.47	0.64	1.00	1.30	1.75	0.42	0.57	0.89	1.16	1.55
钢桥及钢结构	0.65	0.87	1.36	1.77	2.38	0.58	0.78	1.21	1.58	2.11

7. 规费：包括养老保险费、失业保险费、医疗保险费、住房公积金和工伤保险费(简称“四险一金”)，不分工程类别，费率见表7。

表7　规费费率表(%)

合计	养老保险费	失业保险费	医疗保险费 含生育保险	住房公积金	工伤保险费
38.8	20	2	6.6	8	2.2

8. 企业管理费基本费用：一级取费按部颁新《编制办法》规定的费率计算，二、三级取费费率见表8。

表8　基本费用费率表(%)

工程类别	二级取费	三级取费	工程类别	二级取费	三级取费
人工土方	3.02	2.69	构造物I	4.00	3.55
机械土方	2.93	2.61	构造物II	4.98	4.42
汽车运输	1.30	1.15	构造物III	8.81	7.83
人工石方	3.10	2.76	技术复杂大桥	4.25	3.78
机械石方	2.95	2.62	隧道	3.80	3.38
高级路面	1.72	1.53	钢桥及钢结构	2.18	1.94
其他路面	2.95	2.62			

9.主副食运费补贴:一级取费按部颁新《编制办法》规定的费率计算,二、三级取费费率见表9。

表9 主副食运费补贴费率表(%)

工程类别	二级取费					三级取费				
	综合里程(km)									
	1	3	5	8	10	1	3	5	8	10
人工土方	0.15	0.22	0.28	0.35	0.40	0.14	0.20	0.25	0.31	0.36
机械土方	0.12	0.17	0.22	0.27	0.32	0.10	0.15	0.19	0.24	0.28
汽车运输	0.13	0.18	0.22	0.29	0.33	0.11	0.16	0.20	0.26	0.30
人工石方	0.12	0.17	0.22	0.27	0.31	0.10	0.15	0.19	0.24	0.27
机械石方	0.11	0.16	0.20	0.25	0.30	0.10	0.14	0.18	0.22	0.26
高级路面	0.07	0.11	0.14	0.18	0.20	0.06	0.10	0.12	0.16	0.18
其他路面	0.08	0.11	0.14	0.18	0.20	0.07	0.10	0.12	0.16	0.18
构造物 I	0.12	0.16	0.21	0.25	0.29	0.10	0.14	0.18	0.22	0.26
构造物 II	0.13	0.18	0.22	0.27	0.32	0.11	0.16	0.20	0.24	0.28
构造物 III	0.22	0.32	0.40	0.50	0.58	0.20	0.29	0.36	0.44	0.51
技术复杂大桥	0.10	0.14	0.18	0.22	0.26	0.09	0.13	0.16	0.20	0.23
隧道	0.10	0.14	0.17	0.22	0.25	0.09	0.13	0.15	0.19	0.22
钢桥及钢结构	0.10	0.14	0.18	0.23	0.27	0.09	0.13	0.16	0.21	0.24

10.职工探亲路费:一级取费按部颁新《编制办法》规定的费率计算,二、三级取费费率见表10。

表10 职工探亲路费费率表(%)

工程类别	二级取费	三级取费	工程类别	二级取费	三级取费
人工土方	0.09	0.08	构造物 I	0.26	0.23
机械土方	0.20	0.18	构造物 II	0.31	0.27
汽车运输	0.13	0.11	构造物 III	0.50	0.44
人工石方	0.09	0.08	技术复杂大桥	0.18	0.16
机械石方	0.20	0.18	隧道	0.24	0.22
高级路面	0.13	0.11	钢桥及钢结构	0.14	0.13
其他路面	0.14	0.13			

11.财务费用:一级取费按部颁新《编制办法》规定的费率计算,二、三级取费费率见表11。

表11　财务费用费率表(%)

工程类别	二级取费	三级取费	工程类别	二级取费	三级取费
人工土方	0.21	0.18	构造物 I	0.33	0.30
机械土方	0.19	0.17	构造物 II	0.36	0.32
汽车运输	0.19	0.17	构造物 III	0.74	0.66
人工石方	0.20	0.18	技术复杂大桥	0.41	0.37
机械石方	0.18	0.16	隧道	0.35	0.31
高级路面	0.24	0.22	钢桥及钢结构	0.43	0.38
其他路面	0.27	0.24			

12.利润:一级取费按部颁新《编制办法》规定的费率7.0%计算,二、三级取费分别按6.3%、5.6%的费率计算。

七、凡本补充规定未涉及的费用项目、内容和计算方法等均按部颁新《编制办法》的相关规定执行。

八、本补充规定由江西省交通工程造价管理站负责解释。

二〇〇八年七月一日

山东省公路工程基本建设项目概算预算编制办法补充规定

为进一步明确公路工程基本建设项目概算预算编制依据，合理确定概算预算，根据交通部2007年第33号公告公布施行的《公路工程基本建设项目概算预算编制办法》(JTG B06—2007)(以下简称新《编制办法》)及《公路工程概算定额》(JTG/T B06-01—2007)、《公路工程预算定额》(JTG/T B06-02—2007)、《公路工程机械台班费用定额》(JTG/T B06-03—2007)(以下简称新《定额》)等，并结合我省公路工程实际情况，就山东省公路工程概算预算编制补充规定如下：

一、总体要求

(一)本补充规定适用于山东省新建和改、扩建公路工程建设项目，养护大、中修工程可参照执行。

(二)概、预算的费用组成及编制均执行部颁新《编制办法》的相关规定。概、预算项目应按项目表的序列及内容编制，一、二、三部分和“项”的序号保留不变，目、节、细目可根据项目实际予以增减，并依次排列。

(三)概、预算文件应由编制人、复核人签字并加盖公路工程造价人员资格印章。

(四)概、预算编制说明应严格按照新《编制办法》要求编写。

(五)公路管理、养护及服务房屋应执行工程所在地统一定额及相应其他工程费、间接费定额，但其他费用应按新《编制办法》中的项目划分及计算方法编制。

二、直接费

(一)人工费

根据有关规定和定额水平测算，我省公路工程基本建设项目编制概、预算时，生产工人人工费单价采用46.06元/工日。

人工费单价仅作为编制概、预算的依据，不作为施工企业发放工人工资的标准。

(二)材料费

材料预算价格＝(材料原价＋运杂费)×(1＋场外运输损耗率)×(1＋采购及保管费率)－包装回收价值

1.材料原价

(1)外购材料。国家、地方工业产品按产品出厂价格或供销部门供应价格计算，根据具体情况加计供销部门手续费和包装费。若供应情况、交货条件不明确时，可采用当地规定价格计算。

(2)地方性材料。按照实际调查价格或当地主管部门规定预算价格计算。

(3)自采材料。按照定额中开采单价加上辅助生产间接费和矿产资源税(如有)计算。

2.运杂费、场外运输损耗、采购及保管费按新《编制办法》执行。

(三)施工机械使用费

施工机械台班预算价格按交通部《公路工程机械台班费用定额》(JTG/T B06-03—2007)计算,台班费用定额中不变费用应直接采用定额数据,可变费用中的人工工日数及动力燃料消耗量,应以机械台班费用定额中的数值为准,台班人工费工日单价同本补充办法生产工人人工费单价;动力燃料费用按材料费的有关规定计算。

养路费及车船使用税按下式计算:

台班养路费及车船使用税=养路费[元/(t·月)]×计算吨位(t)×12月/年工作台班+车船使用税[元/(t·年)]×计算吨位(t)/年工作台班

养路费、车船使用税按我省相关规定执行。

(四)沿海地区工程施工增加费

沿海地区工程施工增加费系指工程项目在沿海地区施工受海风、海浪、潮汐影响,导致人工、机械效率降低而增加的费用。

我省适用范围包括威海市,青岛市(平度、莱西除外),烟台市(莱阳、栖霞除外),潍坊市寒亭区,寿光市,昌邑市,日照市东港区,岚山区,东营市(不包括利津县),滨州市无棣县,沾化县。

(五)其他工程费

其他工程费中的临时设施费、施工辅助费分别见表1、表2。

表1 临时设施费费率表(%)

工程类别	公路等级		
	高速及一级公路	二级公路	三级及以下等级公路
人工土方	1.57	1.413	1.099
机械土方	1.42	1.278	0.994
汽车运输	0.92	0.828	0.644
人工石方	1.60	1.440	1.120
机械石方	1.97	1.773	1.379
高级路面	1.92	1.728	1.344
其他路面	1.87	1.683	1.309
构造物I	2.65	2.385	1.855
构造物II	3.14	2.826	2.198
构造物III	5.81	5.229	4.067
技术复杂大桥	2.92	2.628	2.044
隧道	2.57	2.313	1.799
钢材及钢结构	2.48	2.232	1.736

表 2 施工辅助费费率表(%)

工程类别	公路等级		
	高速及一级公路	二级公路	三级及以下等级公路
人工土方	0.89	0.801	0.623
机械土方	0.49	0.441	0.343
汽车运输	0.16	0.144	0.112
人工石方	0.85	0.765	0.595
机械石方	0.46	0.414	0.322
高级路面	0.80	0.720	0.560
其他路面	0.74	0.666	0.518
构造物 I	1.30	1.170	0.910
构造物 II	1.56	1.404	1.092
构造物 III	3.03	2.727	2.121
技术复杂大桥	1.68	1.512	1.176
隧道	1.23	1.107	0.861
钢材及钢结构	0.56	0.504	0.392

三、间接费

(一)规费

规费系指按照法律法规和规章的相关规定,施工企业必须缴纳的相关费用(简称规费)。根据我省有关文件规定,考虑到规费费率仅作为公路基本建设项目编制概、预算时规费计算标准的实际情况,间接费中的规费费率取定为42%。其中养老保险费20%,失业保险费2%,医疗保险费7 %(含生育保险1%),住房公积金12%,工伤保险费1% 。

各项规费以各类工程人工费之和为基数。

(二)企业管理费基本费用费率、财务费费率分别见表3、表4。

表 3 企业管理费基本费率表(%)

工程类别	公路等级		
	高速及一级公路	二级公路	三级及以下等级公路
人工土方	3.36	3.024	2.352
机械土方	3.26	2.934	2.282
汽车运输	1.44	1.296	1.008
人工石方	3.45	3.105	2.415
机械石方	3.28	2.952	2.296
高级路面	1.91	1.719	1.337
其他路面	3.28	2.952	2.296
构造物 I	4.44	3.996	3.108

续上表

工程类别	公路等级		
	高速及一级公路	二级公路	三级及以下等级公路
构造物 II	5.53	4.977	3.871
构造物 III	9.79	8.811	6.853
技术复杂大桥	4.72	4.248	3.304
隧道	4.22	3.798	2.954
钢材及钢结构	2.42	2.178	1.694

表 4　财务费费率表(%)

工程类别	公路等级		
	高速及一级公路	二级公路	三级及以下等级公路
人工土方	0.23	0.207	0.161
机械土方	0.21	0.189	0.147
汽车运输	0.21	0.189	0.147
人工石方	0.22	0.198	0.154
机械石方	0.20	0.180	0.140
高级路面	0.27	0.243	0.189
其他路面	0.30	0.270	0.210
构造物 I	0.37	0.333	0.259
构造物 II	0.40	0.360	0.280
构造物 III	0.82	0.738	0.574
技术复杂大桥	0.46	0.414	0.322
隧道	0.39	0.351	0.273
钢材及钢结构	0.48	0.432	0.336

四、工程建设其他费用

(一)土地征用及拆迁补偿

按国家和省土地征用及拆迁补偿的有关规定和标准执行。

(二)生产人员培训费

定员计算参考标准见表 5。

表 5　定员计算参考标准

机构名称	数量(处)	人员数量(人)	备　　注
管理处	1	管辖路段长度×0.5	每处原则 25
通信监控分中心	1	8	
收费站	1	收费车道数×5 +10	
养护工区	1	5	
隧道管理所	1	管辖隧道数×2 + 25	
路政大队	1	管辖路段长度×0.3	每队原则 15 人

定员计算参考标准仅作为编制公路基本建设项目概、预算时计算生产人员培训费的参考，培训费用标准 2 000 元/人。

五、其他

(一)自 2008 年 7 月 1 日起，我省编制公路建设项目概、预算执行新《编制办法》、新《定额》和本补充规定。

(二)公路建设项目投资估算编制仍沿用原计价依据。

(三)本补充规定由省厅负责管理和解释，日常管理和解释工作由山东省交通工程定额管理站负责。

二〇〇八年七月一日

河南省公路工程基本建设项目
概算预算编制办法补充规定

厅直属各单位，各省辖市交通局，扩权县(市)交通局：

根据交通部〔2007〕33 号公告发布的“关于公布《公路工程基本建设项目概算预算编制办法》(JTG B06—2007)(以下简称新《办法》)及《公路工程概算定额》(JTG/T B06-01—2007)、《公路工程预算定额》(JTG/T B06-02—2007)、《公路工程机械台班费用定额》(JTG/T B06-03—2007)(以下简称新《定额》)的公告”的通知精神，结合河南省公路基本建设工程的具体情况，现将有关补充规定通知如下，请遵照执行。

一、根据部有关文件精神，自 2008 年 7 月 1 日起我省公路建设项目概预算的编制应执行新《办法》及新《定额》。

二、根据有关规定和测算，我省公路建设项目编制概预算时，人工单价采用 43.89 元/工日。

三、根据我省有关文件规定，间接费中的规费费率取定为 35%，其中：养老保险费 20%，失业保险费 2%，医疗保险费 7%(含生育保险 1%)，住房公积金 5%，工伤保险费 1%。其他工程费、间接费中的企业管理费、利润和税金均按部颁布费率执行。

四、公路工程建设项目投资估算的编制，在交通部未颁布布新估算指标定额之前仍按交公路发〔1996〕611 号文及豫交计〔1996〕441 号文的有关规定执行。

五、凡进入我省公路建设市场概预算、报价编制软件，必须通过交通部公路司组织的测评，并应提供及时的技术服务。

河南省交通厅

二〇〇八年二月二十一日

湖北省交通厅关于贯彻执行交通部新颁公路定额有关事项的通知

各市(州)交通局(委)、厅直各单位、各重点建设项目业主:

根据交通部2007年第33号公告,《公路工程基本建设项目概算预算编制办法》(JTG B06—2007)(以下统称新《办法》)及《公路工程概算定额》(JTG/T B06-01—2007)、《公路工程预定额》(JTG/T B06-02—2007)、《公路工程机械台班费用定额》(JTG/T B06-03—2007)(以下统称新《定额》)将于2008年1月1日起施行,原发布的《公路工程基本建设项目概算预算编制办法》(交公路发〔1996〕612号)、《公路基本建设工程交通工程概(预)算编制的规定》(公设技字〔2000〕285号)、《公路工程概算定额》和《公路工程预算定额》(交工发〔1992〕65号)、《公路工程机械台班费用定额》(交公路发〔1996〕610号)同时废止。新定额规定人工工日单价标准和间接费中规费费率标准,由各省交通主管部门制定发布。为贯彻执行好新定额,现将有关事项通知如下:

一、全省公路建设工程采用统一的人工工日单价,人工工日单价标准为42.98元/工日。人工工日单价标准只作为编制概预算的依据,不作为施工企业发放工人工资的依据。

二、间接费中的规费包括企业应缴纳的养老保险、医疗保险(含生育保险)、工伤保险、失业保险和住房公积金等,规费费率标准为38%,计费基数为人工费。规费费率只作为编制概预算的依据,不作为施工企业实际交纳费用的依据。

三、2008年1月1日后上报的初步设计和施工图设计项目一律执行新《定额》,2008年1月1日前已上报但未审批的项目原则上应执行新《定额》。

四、投资估算编制中,人工工日单价及有关费率取定暂不执行新《定额》。

五、新《定额》施行后,省厅原发布的《关于发布〈公路基本建设工程概算、预算编制办法〉中有关问题补充规定的通知》(鄂交基〔1999〕254号)同时废止。

请各单位在实践中注意总结经验,定额施行过程中,如有建议,请函告湖北省交通基本建设造价管理站(地址:武汉市建设大道428号,邮编:430030)。

二○○七年十二月二十七日

湖南省公路工程基本建设项目概算预算编制办法补充规定

根据交通部公告〔2007〕33 号发布的“关于公布《公路工程基本建设项目概算预算编制办法》(JTG B06—2007)(以下简称新《办法》)及《公路工程概算定额》(JTG/T B06-01—2007)、《公路工程预算定额》(JTG/T B06-02—2007)、《公路工程机械台班费用定额》(JTG/T B06-03—2007)的公告”通知精神(以下简称新《定额》),结合我省公路基本建设工程的具体情况,现将执行中的有关规定通知如下,请遵照执行。

一、凡在 2008 年 1 月 1 日前已批准的公路工程基本建设项目造价文件,仍执行原定额和办法,造价不再进行调整;凡在 2008 年 1 月 1 日后上报或虽在 2008 年 1 月 1 日前上报尚未审批的公路工程基本建设项目造价文件,应按新《定额》及新《办法》编制。

二、人工费:人工费单价仅作为编制概、预算的依据,不作为施工企业实发工资的依据。新建和改建的公路工程基本建设项目,人工工资(含机械工)按 45.45 元/工日,今后将按国家人工工资政策的变化按时测算并定期发布。

三、其他工程费、间接费、工程其他费等费用取费标准

针对材料价格波动较大,影响其他工程费、间接费(不含规费)等费用的合理确定问题,经研究,厅将规定以定额基价指数的形式对取费加以控制。由厅造价站尽快测算定额基价指数标准,使以费率计算的各项费用不受各地材料价格波动的影响。定额基价指数由省交通厅交通建设造价管理站负责生成,与材料预算单价和人工工日单价一起按期公布,供工程计价使用。

该定额基价指数标准未出台之前,其他工程费、间接费的取费基数暂按部颁发新《编制办法》执行,取费标准见表 1。

表 1　其他工程费、间接费、工程其他费取费标准

费用名称		新建和改建公路
其他工程费	冬季施工增加费	部颁费率
	雨季施工增加费	部颁费率
	夜间施工增加费	部颁费率
	特殊地区施工增加费	不计
	行车干扰工程施工增加费	部颁费率
	安全及文明施工措施费	部颁费率
	施工辅助费	部颁费率
	临时设施费	部颁费率
	工地转移费	部颁费率

续上表

<table>
<tr><th colspan="3">费用名称</th><th>新建和改建公路</th></tr>
<tr><td rowspan="10">间接费</td><td rowspan="5">企业管理费</td><td>基本费用</td><td>部颁费率</td></tr>
<tr><td>主副食运费补贴</td><td>部颁费率</td></tr>
<tr><td>职工探亲路费</td><td>部颁费率</td></tr>
<tr><td>职工取暖补贴</td><td>部颁费率</td></tr>
<tr><td>财务费用</td><td>部颁费率</td></tr>
<tr><td rowspan="5">规费</td><td>养老保险费</td><td>20%</td></tr>
<tr><td>失业保险费</td><td>2%</td></tr>
<tr><td>医疗保险费</td><td>8.70%</td></tr>
<tr><td>住房公积金</td><td>9%</td></tr>
<tr><td>工伤保险费</td><td>0.50%</td></tr>
<tr><td colspan="3">利润</td><td>部颁费率</td></tr>
<tr><td colspan="3">税金</td><td>部颁费率</td></tr>
</table>

四、对市场造价软件的管理

为便于造价文件的审查、审批和数据的录入，造价管理部门应加强对造价软件计算标准的监管。所有造价文件编制，原则上使用交通部统一的标准软件。其他造价软件进入湖南市场，必须经过省交通厅交通建设造价管理站检测评定，合格后才能投入湖南市场。

五、我厅 2005 年以湘交计基字第 250 号文公布的《转发交通部〈关于印发(公路工程基本建设概算、预算编制办法补充规定)的通知〉的通知》和 1996 年以湘交造字 533 号文公布的《关于制定公路基本建设工程估算、概算、预算编制办法补充规定的通知》同时废止。

湖南省交通厅

二〇〇七年十二月十三日

广东省执行交通部《公路工程基本建设项目概算预算编制办法》的补充规定

为进一步指导我省公路工程基本建设项目概算、预算的编制，合理确定工程造价，根据交通部 2007 年第 33 号公告公布施行的《公路工程基本建设项目概算预算编制办法》(JTG B06—2007)及《公路工程概算定额》(JTG/T B06-01－2007)、《公路工程预算定额》(JTG/T B06-02－2007)、《公路工程机械台班费用定额》(JTG/T B06-03－2007)，结合我省实际，现就广东省执行《公路工程基本建设项目概算预算编制办法》(含《公路工程概算定额》、《公路工程预算定额》和《公路工程机械台班费用定额》，以下统一简称为 2007《编制办法》)补充规定如下：

一、关于 2007《编制办法》和本补充规定的执行

(一)2008 年 7 月 1 日之前，已批准的“初步设计概算”、“施工图设计预算”、“清单预算”等概算、预算不再调整。

(二)从 2008 年 7 月 1 日起，我省公路工程新建(包括改、扩建)项目的概算、预算的编制应按 2007《编制办法》、本补充规定及省其他有关规定执行。

按 2007《编制办法》和本补充规定编制的概算、预算文件时，需与按 1996 年交通部《公路基本建设工程概算预算编制办法》(交工发〔1996〕612 号，以下简称 1996《编制办法》)、省交通厅《关于印发〈执行公路基本建设工程概算预算编制办法补充规定〉(试行)的通知》(粤交基〔1996〕340 号)及《关于完善公路基本建设工程概算预算编制办法有关内容的通知》(交公路发〔2005〕230 号)编制的概算、预算文件进行对比的项目，应将采用的办法、定额及政策性费用调整情况进行说明和分析。

(三)《广东省公路工程造价文件编制办法(试行)》(粤交基函〔2003〕212 号)中规定与 2007《编制办法》和本补充规定不一致的，应按 2007《编制办法》和本补充规定执行。

(四)本补充规定未明确的其他费用项目及其计算标准，均按 2007《编制办法》的相关规定计列和计算。

二、关于广东省公路工程人工工日、费率及工程建设其他费用

包括广东省公路工程人工工日单价和地区类别、沿海地区工程施工增加费费率及规费费率、广东省公路工程机械台班养路费及车船税等。

(一)人工费

具体取定标准见表 1、表 2。今后此项费用标准将由省交通工程造价管理站根据广东省政府和有关主管部门公布的最低工资标准调整情况及时调整发布，抄报省交通厅备案。

表 1　广东省公路工程人工工日单价表

地区类别	一　类	二　类	三　类	四　类	深　圳	
					特区内	特区外
工日单价(元/工日)	62.02	57.85	52.35	48.80	61.30	54.09

表 2　广东省公路工程人工单价地区类别表

地区类别	适用地区
一类	广州
二类	珠海、佛山、东莞、中山
三类	汕头、惠州、江门
四类	韶关、河源、梅州、汕尾、阳江、湛江、茂名、肇庆、清远、潮州、揭阳、云浮
深圳	特区内
	宝安、龙岗

注：1. 人工工日单价仅作为编制造价文件的依据，不作为施工企业实发工资的标准；

2. 机械(含工程船舶)台班定额中人工工日单价按照生产工人工日单价标准执行，潜水设备人工工日单价全省统一按 122.50 元/工日执行；

3. 公路建设项目跨不同地区类别时，人工工日单价按项目跨不同地区的建安费比例加权计算，比例无法确定的，可按路线长度加权计算。

(二)施工机械使用费

公路工程施工机械台班预算价格应按交通部公布的《公路工程机械台班费用定额》(JTG/T B06-03—2007)计算。其中：不变费用按定额规定费用计算，可变费用中的台班人工费工日单价同生产工人人工费单价计算，动力燃料费用按材料费的计算规定计算，养路费及车船使用税按省定额管理站发布的规定计算。

(三)特殊地区施工增加费

沿海地区工程施工增加费，不包括应在直接工程费中考虑的工程材料、辅助施工设备等的特殊防腐、防护费用。具体费率标准见表 3。

表 3　沿海地区工程施工增加费费率表

工程类别	费率(%)	工程类别	费率(%)
构造物 II	0.15	技术复杂大桥	0.15
构造物 III	0.15	钢材及钢结构	0.15

注：1. 潮州、汕头、揭阳的惠来、汕尾(不含陆河)、惠州(不含龙门、博罗)、深圳、珠海、江门的台山、阳江、茂名(不含化州、高州、信宜)、湛江地区施工受海风、海浪和潮汐影响的上述工程可列沿海地区施工增加费；

2. 沿海地区工程施工增加费以各类工程的直接工程费之和为基数计算。

(四)间接费

规费具体取定标准见表 4。此项费用标准今后由省交通工程造价管理站根据广东省政府和有关主管部门公布的相关法规、规定调整情况并及时调整发布，抄报省交通厅备案。

表4　规费费率表

工程类别	费率(%)	
	养老、失业、医疗、工伤、生育保险	公积金
人工土方	25.56	6.45
机械土方		
汽车运土		
人工石方		
机械石方		
高级路面		
其他路面		
构造物I		
构造物II		
构造物III		
技术复杂大桥		
隧道		
钢材及钢结构		

注：1.规费以各类工程的人工费之和为基数计算；

2.造价文件的编制按上表费率计算，实际缴纳金额按有关社会保险和公积金管理机构核定的标准计缴；

3.招标投标中，规费为不可竞争费用。

（五）工程建设其他费用

1.土地、青苗等补偿费和安置补助费（以下统称"征地拆迁安置费用"）按省交通厅《转发交通部关于完善公路基本建设工程概算预算编制办法有关内容的通知》（粤交基函〔2006〕696号）中"广东省公路工程征地补偿费用计算表"执行。

2.重要电力、通信、与铁路交叉等设施拆迁（赔偿）费用，应委托具有相关行业资格的设计（咨询）单位编制相关费用计算书，汇总列入概、预算内。

3.工程监理费按2007《编制办法》规定计算的工程监理费为最高控制价，在施工招标中不再计列"为监理工程师提供设施"的相关费用。

4.工程质量监督费、工程定额测定费以建筑安装工程费用总额为基数，按初步设计审批核定费用缴交财政专户。

5.建设项目前期工作费用应执行国家颁发的相关收费标准及相关行业部门的规定，按广东省建设项目前期工作费用计算表（表5）进行编制。

6.专项评价（估）费用应执行国家颁发的相关收费标准和有关规定，按广东省公路工程专项评价（估）费用计算表（表6）进行编制。在初步设计概算文件中应附相应技术服务协议（或合同）。

表5　广东省公路工程前期工作费用计算表

项目名称：　　公路等级：　　编制日期：　　工程规模依据：

序号	工作内容	里程(km)	费用(万元)	指标(万元/km)
	前期工作费用			
一	“预可”、“工可”编制费			
1	“预可”编制费			
2	“工可”编制费			
3	投资估算编制及其他费用			
二	初步设计勘察设计费			
1	勘察费			
2	设计费			
3	概算编制及调整概算费用			
三	施工图勘察设计费			
1	勘察费			
2	设计费			
3	预算编制费用			
四	招标文件及标底编制费用			
前期工作费用合计(一至四)				

表6　广东省公路工程专项评价(估)费用计算表

项目名称：　　公路等级：　　编制日期：　　工程规模依据：

序号	工作内容	里程(km)	费用(万元)	指标(万元/km)
	专项评价(估)费			
一	环境影响评价费			
二	水土保持评估费			
三	地震安全性评价费			
四	地质灾害性评价费			
五	压覆重要矿床评估费			
六	文物勘察费			
七	通航论证费			
八	行洪论证(评估)费			
九	使用林地可研报告编制费			
十	用地预审报告编制费			
十一	其他			
专项评价(估)费合计(一至十一)				

(六)其他费用项目中按照交通部2007年第1号令《公路水运工程安全生产监督管理办法》增列安全生产经费，该项费用的计算按建安费的1%取定。

三、关于概算、预算和工程量清单的编制

(一)结合我省公路工程造价管理实际情况,对2007《编制办法》的附录四“概算、预算项目表”进行细化,用《广东省公路工程概算、预算项目表》替代。

(二)编制工程量清单时,应按《广东省执行交通部〈公路工程国内招标文件范本〉(2003年版)的补充规定》(粤交基〔2006〕27号)执行,其工程项目清单、分项工程量清单中对应概算、预算项目的“项”、“目”、“节”,按《广东省公路工程概算、预算项目表》作相应调整。

(三)编制造价文件时,指标或定额缺项时,应按有关规定编制补充概算、预算定额,并在编制说明中予以说明,相关基础资料作为附件列入造价文件中。

四、关于从业人员资格和造价文件编制的管理

(一)凡在广东省从事公路工程造价业务工作的,必须通过相关的公路工程造价人员资格认证,持证上岗,并定期年检。

(二)公路工程造价文件的封面和扉页应按2007《编制办法》的相关规定执行,造价文件编制、复核、审查人员必须加盖有效的资格印章。

五、关于广东省配套补充定额的编制和发布

我省2007《编制办法》配套补充定额的编制、发布和解释管理工作,由省交通工程造价管理站负责。补充定额应抄报省交通厅。

六、本补充规定自2008年7月1日起施行。省交通厅《关于印发〈执行公路基本建设工程概算预算编制办法补充规定〉(试行)的通知》(粤交基〔1996〕340号)同时废止。

二〇〇八年七月一日

广西壮族自治区公路工程基本建设项目概算预算编制办法补充规定

一、人工费单价全区统一为45元/工日。

二、潜水设备人工费单价为100元/工日;工程船舶人工费单价为58元/工日。

三、沿海地区工程施工增加费适用于我区北海、钦州及防城港市受海风、海浪和潮汐影响施工的构造物II、构造物III、技术复杂大桥、钢材和钢结构工程。

四、间接费中的规费包括企业应缴纳的养老保险费,失业保险费,医疗保险费,住房公积金及工商保险费;费率如下:养老保险20%、医疗保险8.6%(含生育保险费0.6%)、失业保险2%、工伤保险1%、住房公积金10%,合计规费费率为41.6%。

五、公路工程机械台班费中的养路费和车船使用费按广西的有关规定计算。

六、自二〇〇八年七月一日起,我区公路基本建设项目概算预算的编制应执行交通部《公路基本建设工程概算预算编制办法》(JTG B06—2007)和本补充规定,我厅原下发的《关于印发公路基本建设工程概算预算编制办法广西补充规定的通知》(交基建〔1996〕331号)同时废止。

二〇〇八年七月一日

重庆市公路工程基本建设项目概算预算编制办法补充规定

各区县(自治县)交通局(委),有关单位:

根据交通部《关于公布〈公路工程基本建设项目概算预算编制办法〉(JTG B06—2007)及〈公路工程概算定额〉(JTG/T B06-01—2007)、〈公路工程预算定额〉(JTG/T B06-02—2007)、〈公路工程机械台班费用定额〉(JTG/T B06-03—2007)的公告》(交通部公告2007年第33号,以下简称部颁2007《办法》及《定额》)和《关于〈公路工程基本建设项目概算预算编制办法〉执行时间的通知》(交公便字〔2008〕42号)精神,结合我市公路基本建设工程实际,现将有关规定通知如下,请遵照执行。

一、人工费单价标准

根据有关规定和测算,我市人工费单价按一类和二类地区分别采用不同标准。

(一)一类地区人工费单价标准为50.39元/工日。一类地区包括:渝中区、大渡口区、江北区、沙坪坝区、九龙坡区、南岸区、北碚区、渝北区、巴南区、高新区(经开区)。

(二)二类地区人工费单价标准为43.15元/工日。二类地区包括:万州区、涪陵区、万盛区、双桥区、长寿区、江津区、合川区、永川区、南川区、綦江县、潼南县、铜梁县、大足县、璧山县、荣昌县、黔江区、梁平县、丰都县、垫江县、忠县、开县、武隆县、巫山县、云阳县、城口县、奉节县、巫溪县、石柱县、秀山县、酉阳县、彭水县。

(三)人工费单价仅作为编制概、预算的依据,不作为施工企业实发工资的依据。

二、费率标准

(一)间接费中的规费费率标准为40.2%,其中:养老保险费20%,失业保险费2%,医疗保险费9.7%,住房公积金7%,工伤保险费1.5%。规费费率仅作为编制概、预算的依据,不作为施工企业实际交纳费用的依据。

(二)其他费率标准,如其他工程费、间接费中的企业管理费、利润和税金等均按部颁2007《办法》及《定额》费率执行。根据重庆实际情况,经测算确需调整的,另行公布。

三、执行时间

(一)凡在2008年1月1日以前已批准的公路工程基本建设项目,仍执行原部颁办法及定额和相关补充规定。

(二)2008年1月1日至2008年6月30日为部颁2007《办法》及《定额》过渡期,在该期间公路工程基本建设项目概算预算编制可采用原部颁办法及定额和相关补充规定,也可采用部颁 2007《办法》及《定额》和本通知有关规定。

(三)从 2008 年 7 月 1 日起,我市所有公路工程基本建设项目概算预算编制均应执行部颁 2007《办法》及《定额》和本通知的有关规定,原重庆市交通局《关于印发执行交通部〈公路基本建设工程概算、预算定额编制办法〉(部颁 96)的补充规定的通知》(渝交局〔1996〕1025 号)同时废止。

请各有关单位在实践中注意总结经验,执行过程中若有建议或意见请及时函告市交通工程造价管理站(地址:南岸区南坪南兴路 58 号,邮政编码:400060)。

二〇〇八年三月二十五日

四川省公路工程基本建设项目概算预算编制办法补充规定

一、执行时间

2008年1月1日前已批复初步设计的项目，其预算文件的编制执行96编制办法及其补充规定和配套定额。

2008年1月1日至6月30日为部颁2007编制办法及配套定额的过渡期，此间上报的项目原则上采用2007编制办法及配套定额。

2008年7月1日后上报审批初步设计（或一阶段施工图设计）的建设项目，其概（预）算文件的编制执行2007编制办法及其配套定额。

二、人工费单价标准

根据有关规定和测算，全省人工费单价按照表1标准执行。

表1　人工费单价表

<table>
<tr><th colspan="2">地　区</th><th>人工费单价（元/工日）</th></tr>
<tr><td rowspan="2">成都</td><td>市区、龙泉驿、青白江、新都、温江、郫县、新津、都江堰、双流、</td><td>51.08</td></tr>
<tr><td>邛崃、崇州、金堂、大邑、蒲江、彭州</td><td>43.10</td></tr>
<tr><td colspan="2">自贡、泸州、德阳、广元、遂宁、内江、乐山、南充、绵阳、宜宾、达州、雅安、巴中、广安、眉山、资阳、攀枝花</td><td>42.81</td></tr>
<tr><td colspan="2">乐山的马边县、峨边县、金口河区</td><td>55.06</td></tr>
<tr><td colspan="2">攀枝花市的盐边县</td><td>55.33</td></tr>
<tr><td rowspan="3">甘孜州</td><td>泸定县</td><td>55.06</td></tr>
<tr><td>康定、丹巴、九龙、道孚、炉霍、新龙、德格、白玉、巴塘、乡城</td><td>63.90</td></tr>
<tr><td>石渠、色达、理塘、稻城、雅江、甘孜、得荣</td><td>79.29</td></tr>
<tr><td rowspan="4">凉山州</td><td>西昌、德昌、会理、会东</td><td>46.51</td></tr>
<tr><td>宁南、普格、喜德、冕宁、越西</td><td>49.65</td></tr>
<tr><td>盐源、甘洛、雷波</td><td>55.06</td></tr>
<tr><td>布拖、金阳、昭觉、美姑、木里</td><td>63.90</td></tr>
<tr><td rowspan="4">阿坝州</td><td>汶川县、理县、茂县</td><td>49.65</td></tr>
<tr><td>九寨沟县</td><td>55.06</td></tr>
<tr><td>马尔康县、松潘县、金川县、小金县、黑水县</td><td>63.90</td></tr>
<tr><td>壤塘县、阿坝县、若尔盖县、红原县</td><td>79.29</td></tr>
</table>

人工费单价标准仅作为编制概算、预算的依据，不作为施工企业发放人工工资的依据。

三、有关费用取费标准

各项费用的取费标准见表 2。

表 2　其他工程费、间接费、工程其他费取费标准

<table>
<tr><th colspan="3">费 用 名 称</th><th>费 率 标 准</th></tr>
<tr><td rowspan="11">其他工程费</td><td colspan="2">冬季施工增加费</td><td>部颁费率</td></tr>
<tr><td colspan="2">雨季施工增加费</td><td>部颁费率</td></tr>
<tr><td colspan="2">夜间施工增加费</td><td>部颁费率</td></tr>
<tr><td rowspan="3">特殊地区施工增加费</td><td>高原地区施工增加费</td><td>部颁费率</td></tr>
<tr><td>风沙地区施工增加费</td><td>不计</td></tr>
<tr><td>沿海地区工程施工增加费</td><td>不计</td></tr>
<tr><td colspan="2">行车干扰工程施工增加费</td><td>部颁费率</td></tr>
<tr><td colspan="2">安全及文明施工措施费</td><td>部颁费率</td></tr>
<tr><td colspan="2">施工辅助费</td><td>部颁费率</td></tr>
<tr><td colspan="2">临时设施费</td><td>部颁费率</td></tr>
<tr><td colspan="2">工地转移费</td><td>部颁费率</td></tr>
<tr><td rowspan="10">间接费</td><td rowspan="5">企业管理费</td><td>基本费用</td><td>部颁费率</td></tr>
<tr><td>主副食运费补贴</td><td>部颁费率</td></tr>
<tr><td>职工探亲路费</td><td>部颁费率</td></tr>
<tr><td>职工取暖补贴</td><td>部颁费率</td></tr>
<tr><td>财务费用</td><td>部颁费率</td></tr>
<tr><td rowspan="5">规费</td><td>养老保险费</td><td>20%</td></tr>
<tr><td>失业保险费</td><td>2%</td></tr>
<tr><td>医疗保险费</td><td>7%</td></tr>
<tr><td>住房公积金</td><td>9%</td></tr>
<tr><td>工伤保险费</td><td>1%</td></tr>
<tr><td colspan="3">利润</td><td>部颁费率</td></tr>
<tr><td colspan="3">税金</td><td>部颁费率</td></tr>
<tr><td colspan="3">工程建设其他费用</td><td>部颁费率</td></tr>
</table>

四、投资估算编制中，人工工日单价及有关费率取定暂不执行新规定。

五、部颁 2007 编制办法及配套定额施行后，厅原发布的《四川省交通厅关于印发〈四川执行交通部(96)公路基本建设工程概算、预算编制办法补充规定(试行)〉的通知》(川交函〔2005〕180 号)同时废止。

六、请各单位在实践中注意总结经验，执行过程中如有建议或意见，请及时函告四川省交通厅交通建设工程造价管理站(地址：成都武侯祠大街 180 号，邮编：610041)。

二〇〇八年七月一日

贵州省公路工程基本建设项目概算预算编制办法补充规定

为了加强我省公路基本建设工程的造价管理，统一全省公路工程基本建设项目概、预算编制原则，根据交通部关于公布《公路工程基本建设项目概算预算编制办法》(JTG B06-2007)(以下简称《编制办法》)及《公路工程概算定额》(JTG/T B06-01－2007)、《公路工程预算定额》(JTG/T B06-02－2007)、《公路工程机械台班费用定额》(JTG/T B06-03－2007)(以下简称《定额》)的公告(交通部公告 2007 年第 33 号) 和《关于〈公路工程基本建设项目概算预算编制办法〉执行时间的通知》(交公便字〔2008〕42 号)精神，结合我省实际，特制定以下补充规定。

一、总则

(一)本规定适用于省内新建和改建公路工程基本建设项目的概算和预算的编制。

(二)概、预算均由有资格的设计、工程(造价)咨询单位负责编制，编制、审核人员必须持有公路工程造价人员执业资格证书，并对工程造价文件的编制质量负责。

二、执行时间和要求

(一)2008 年 7 月 1 日起我省所有公路工程基本建设项目概、预算(含调整概算)编制均应执行《编制办法》和《定额》。

(二)2008 年 7 月 1 日前完成初步设计(施工图设计)文件编制且已报审的工程项目，其初步设计概算(施工图预算)执行原《编制办法》和原《定额》。

三、人工费

从 2008 年 7 月 1 日起，我省新建、改建的公路工程基本建设项目，人工费(含机械工)单价按 48.07 元/工日执行。

今后将根据我省政策的变化适时调整并发布。

人工费单价仅作为编制概、预算的依据，不作为施工企业实发工资的依据。

四、材料费

材料费按工程所在地的材料预算价格计算。材料预算价格由材料原价、运杂费、场外运输损耗、采购及仓库保管费组成。

材料预算价按相关部门发布的参考价格或实际调查的价格计算。当采用自采材料时，可按定额中开采单价加辅助生产间接费(按开采人工费的 5%计)和矿产资源税(如有)计算，但其价格最高不应超过相关部门发布的参考价格。

运杂费、场外运输损耗、采购及仓库保管费按《编制办法》的相关规定计算。

五、施工机械使用费

施工机械台班预算价格按《公路工程机械台班费用定额》(JTG/T B06-03－2007)计算，台班单价由不变费用和可变费用组成。可变费用中的养路费及车船使用税，按我省的有关规定执行。

六、费率标准

费率标准见表1。

表1　费 率 标 准

费用名称			新建和改建公路
其他工程费		冬季施工增加费	部颁费率
		雨季施工增加费	部颁费率
		夜间施工增加费	部颁费率
		特殊地区施工增加费	不计
		行车干扰工程施工增加费	部颁费率
		安全及文明施工措施费	部颁费率
		施工辅助费	部颁费率
		临时设施费	部颁费率
		工地转移费	部颁费率
间接费	企业管理费	基本费用	部颁费率
		主副食运费补贴	部颁费率
		职工探亲路费	部颁费率
		职工取暖补贴	部颁费率
		财务费用	部颁费率
	规费	养老保险费	20%
		失业保险费	2%
		医疗保险费	7.5%
		住房公积金	5%
		工伤保险费	1.2%

注：1.规费以各类工程的人工费之和为基数计算；

2.造价文件的编制按上表费率计算，不作为施工企业实际交纳费用的依据。实际缴纳金额按有关社会管理机构核定的标准计缴。

七、利润、税金按《编制办法》规定执行

八、工程建设其他费用

1.土地、青苗等补偿费和安置补助费等按贵州省人民政府相关部门规定执行。

2.重要电力、通信，与管道、铁路交叉等设施拆迁(赔偿)费用，应委托具有相关行业资格的设计(咨询)单位编制相关费用计算书，列入概、预算内。

3.工程监理费按《编制办法》的相关规定计算。

4.工程质量监督费、工程定额测定费按《编制办法》的有关规定计算。

5.竣(交)工验收试验检测费：由建设单位委托有资质的公路工程质量检测单位按照有关规定进行检测，以检测合同签定的相关费用计列。

6.研究试验费按照设计提出的研究试验内容和要求，以项目研究合同或协议书中确定的相关费用计列。

7. 建设项目前期工作费：依据委托合同计列，或按国家颁发的相关收费标准和有关规定进行编制。

8. 专项评价(估)费：按国家、贵州省颁发的相关收费标准和规定进行编制。

九、公路工程建设项目投资估算的编制，在交通部未颁布新估算指标定额之前仍按交公路发〔1996〕611 号文的有关规定执行。

十、其他

1. 凡本补充规定未涉及的内容，按《编制办法》执行。

2. 公路养护工程项目费用编制暂不执行本补充规定。

3. 本补充规定由贵州省交通厅负责管理和解释，日常管理及解释工作由贵州省交通建设工程造价管理站负责。

二〇〇八年七月一日

云南省公路工程基本建设项目概算预算编制办法补充规定

第一章 总 则

一、根据交通部《公路工程基本建设项目概算预算编制办法》(JTG B06—2007)(以下简称07《编办》),结合云南公路工程建设的实际,为规范文件编制,有效控制建设项目投资,特制定本补充规定。

二、本补充规定适用于云南省内投资新建、改建地方公路工程基本建设项目概算、预算的编制和管理。

三、工程项目类别划分

根据公路等级、工程技术复杂程度及质量标准分为两类,按工程项目类别计算各项费用。

一类工程:高速公路、一级公路。

二类工程:二级公路、三级公路、四级公路。

四、费率标准分类

1. 一类工程标准:除人工费、高原地区施工增加费,间接费中的规费、设备工具器具及家具购置费、工程建设其他费用等应按本补充规定执行外,其余一律按部颁相关规定执行。

2. 二类工程标准:除按本补充规定执行外,其余一律按部颁相关规定执行。

五、编制概、预算时,如遇定额缺项,按有关规定编制补充概算或预算定额,应将有关基础资料随概、预算文件一并上报。

六、概、预算文件应按部颁07《编办》中概、预算项目表及封面目录表格样式规定执行。

七、概、预算文件必须由取得相应资格的公路工程造价人员编审并签章,应采用交通主管部门公示的软件编制,并将电子文件随概、预算文件一并上报。

第二章 建筑安装工程费

一、直接费

(一)直接工程费

1. 人工费(元/工日)见表2-1

表2-1 人工费标准

项 目	单 位	一 类	二 类
		高速公路、一级公路	二、三、四级公路
人工费单价	元/工日	45.38	42.71

人工费单价标准由云南省交通运输厅适时调整发布，该人工费单价仅作为编制工程概算、预算的依据，不作为施工企业实发工资的依据。

2. 材料费

材料预算价格由材料原价、运杂费、场外运输损耗、采购及仓库保管费组成。

(1)材料原价

各类工程材料原价应根据公路建设项目实际与市场情况等按云南省交通厅公路工程定额站发布的《云南省交通建设材料指导价》确定；自采加工材料按设计成品率及相关定额进行分析计算，当有社会供应与自采加工两种方式时，应经济分析后取用经济合理的价格。

(2)运杂费

①各类工程各种材料运价统一按照社会运输计算。或按原省物价局、省交通厅云交财〔1990〕285 号与云价费发〔1993〕34 号通知执行，亦可参照表 2-2 办理。

表 2-2　公路货物运价表　　[单位：元/(t·km)]

货物分类	一类货物	二类货物	三类货物	特种货物
运价	0.59	0.65	0.69	0.74

表列运价仅作为编制工程概算、预算的依据，不作为工程实际支付的依据。运输货物必须经过收费公路时，其通行费可按照实际收费标准换算后计入运杂费中。

一类货物：砂、片石、砾(碎)石、石屑、卵石、土等；

二类货物：钢材、沥青、木材、柴草、砖、瓦、块石(料石)、生石灰、煤、泥、水泥、矿粉、粉煤灰、水泥制品等；

三类货物：橡胶制品、交电器材、机器设备、装饰石料、瓷砖、玻璃等、反光玻璃珠、底油、环氧树脂等；

特种货物：爆炸物品，汽柴油、重油、长大笨重货物。

②装卸费采用标准参照表 2-3 执行。

表 2-3　各类货物装卸费表　　(单位：元/t)

项目＼货等	一类货物	二类货物	三类货物	特种货物
装	2.1	2.4	2.7	3.3
卸	—	2.4	2.7	3.3
装卸	2.1	4.8	5.4	6.6

注：一类货物及二类货物中块石、生石灰、煤、粉煤灰、泥等当采用自卸汽车运输时不计卸费。

3. 施工机械使用费

各类工程公路工程施工机械台班预算价格应按交通部公布的《公路工程机械台班费用定额》(JTG/T B06-03—2007)计算。其中，不变费用按定额规定费用计算，可变费用中的台班人工费工日单价，按表 2-1 人工费标准计算，动力燃料费用按材料费的计算规定计算。

(二)其他工程费

1. 高原地区施工增加费

考虑到我省地理条件，一类、二类工程高原地区施工增加费以海拔高度 2 000m 以上作为计算起点。高原地区施工增加费以各类工程的人工费和机械使用费之和为基数，按表2-4的费率计算。

表 2-4　高原地区施工增加费费率表(%)

工 程 类 别	海拔高度(m)			
	2 001～2 500	2 501～3 000	3 001～3 500	3 501 以上
人工土方	7.00	13.25	19.75	29.75
机械土方	6.56	12.6	18.66	25.6
汽车运输	6.50	12.5	18.50	25.00
人工石方	7.00	13.25	19.75	29.75
机械石方	6.71	12.82	19.03	27.01
高级路面	6.58	12.61	18.69	25.72
其他路面	6.73	12.84	19.07	27.15
构造物 I	6.87	13.06	19.44	28.56
构造物 II	6.77	12.90	19.17	27.54
构造物 III	6.73	12.85	19.08	27.19
技术复杂大桥	6.70	12.81	19.01	26.94
隧道	6.76	12.9	19.16	27.50
钢材及钢结构	6.78	12.92	19.20	27.66

2. 行车干扰工程施工增加费

新建工程项目不计行车干扰费，改建工程应采用可行的安全保通措施尽量考虑社会交通车辆绕行；确实无法绕行时，方可计列行车干扰费；部分区段，工程受干扰的应加权计算并在编制说明中讲述清楚。

行车干扰工程施工增加费以受干扰的各类工程的人工费和机械使用费之和为基数，二类工程按表 2-5 的费率计算。

表 2-5　行车干扰工程施工增加费费率表(%)

工 程 类 别	施工其间平均每昼夜双向行车次数(汽车、畜力车合计)			
	100～500	501～1 000	1 001～2 000	2 001 以上
人工土方	1.64	2.46	3.28	4.10
机械土方	1.39	2.19	3.00	3.89
汽车运输	1.36	2.09	2.85	3.75
人工石方	1.66	2.40	3.33	4.06
机械石方	1.16	1.71	3.28	3.19
高级路面	1.24	1.87	2.50	3.11
其他路面	1.17	1.77	2.36	2.94
构造物 I	0.94	1.41	1.89	2.36
构造物 II	0.95	1.43	1.90	2.37
构造物 III	0.95	1.42	1.90	2.37
技术复杂大桥	—	—	—	—
隧道	—	—	—	—
钢材及钢结构	—	—	—	—

3. 临时设施费

临时设施费以各类工程的直接工程费之和为基数，二类工程按表 2-6 的费率计算。

表 2-6　临时设施费费率表(%)

工程类别	费率类别	工程类别	费率类别
人工土方	1.18	构造物 I	1.91
机械土方	1.07	构造物 II	2.34
汽车运输	0.69	构造物 III	4.36
人工石方	1.20	技术复杂大桥	2.92
机械石方	1.48	隧道	2.57
高级路面	1.44	钢材及钢结构	1.86
其他路面	1.40		

4. 施工辅助费

施工辅助费以各类工程的直接工程费之和为基数，二类工程按表 2-7 的费率计算。

表 2-7　施工辅助费费率表(%)

工程类别	费率类别	工程类别	费率类别
人工土方	0.71	构造物 I	1.04
机械土方	0.39	构造物 II	1.25
汽车运输	0.13	构造物 III	2.42
人工石方	0.68	技术复杂大桥	1.68
机械石方	0.37	隧道	1.23
高级路面	0.64	钢材及钢结构	0.45
其他路面	0.59		

5. 工地转移费

工地转移费以各类工程的直接工程费之和为基数，二类工程按表 2-8 的费率计算(转移距离 50km 以内的不计列)。

表 2-8　工地转移费费率表(%)

工程类别	工地转移距离(km)				
	50	100	300	500	每增加 100
人工土方	0.10	0.14	0.21	0.28	0.02
机械土方	0.33	0.44	0.68	0.89	0.05
汽车运输	0.20	0.26	0.40	0.53	0.03
人工石方	0.10	0.14	0.21	0.29	0.02
机械石方	0.23	0.28	0.48	0.63	0.04
高级路面	0.40	0.54	0.85	1.11	0.08
其他路面	0.36	0.49	0.77	1.00	0.07
构造物 I	0.36	0.49	0.77	1.00	0.07
构造物 II	0.43	0.58	0.91	1.19	0.08
构造物 III	0.85	1.15	1.80	2.35	0.16
技术复杂大桥	0.75	1.01	1.58	2.06	0.14
隧道	0.52	0.71	1.11	1.45	0.10
钢材及钢结构	0.47	0.63	0.98	1.28	0.08

二、间接费

间接费由规费和企业管理费两项组成。

(一)规费

各项规费以各类工程的人工费之和为基数,按表 2-9 费率计算。规费费率标准只作为编制概预算之用,施工企业应按国家有关规定缴纳;一类、二类工程均按表 2-9 执行。

表 2-9　规费费率表(%)

规费名称	养老保险费	失业保险费	医疗保险费	住房公积金	工伤保险费	合　计
费率	20	2	10	6	1	39

注:国家及我省对规费有调整时,由云南省交通运输厅适时作出调整。

(二)企业管理费

企业管理费由基本费用、主副食运费补贴、职工探亲路费、财务费用四项组成。

1. 基本费用

基本费用以各类工程的直接费之和为基数,二类工程按表 2-10 的费率计算。

表 2-10　基本费用费率表(%)

工 程 类 别	费 率 类 别	工 程 类 别	费 率 类 别
人工土方	2.69	构造物 I	3.55
机械土方	2.61	构造物 II	4.42
汽车运输	1.15	构造物 III	7.83
人工石方	2.76	技术复杂大桥	4.72
机械石方	2.62	隧道	4.22
高级路面	1.53	钢材及钢结构	1.94
其他路面	2.62		

2. 主副食运费补贴

主副食运费补贴,以各类工程的直接费之和为基数,二类工程按表 2-11 的费率计算。

表 2-11　主副食运费补贴费费率表(%)

工程类别 \ 综合里程(km)	1	3	5	8	10	15	20	25	30	每增加 10
人工土方	0.11	0.16	0.20	0.25	0.29	0.36	0.44	0.49	0.58	0.10
机械土方	0.08	0.12	0.16	0.20	0.23	0.28	0.34	0.38	0.45	0.08
汽车运输	0.09	0.13	0.16	0.21	0.24	0.29	0.36	0.40	0.47	0.09
人工石方	0.08	0.12	0.16	0.20	0.22	0.27	0.33	0.38	0.44	0.08
机械石方	0.08	0.12	0.14	0.18	0.21	0.27	0.32	0.36	0.42	0.08
高级路面	0.05	0.08	0.10	0.13	0.14	0.18	0.21	0.25	0.29	0.05
其他路面	0.06	0.08	0.10	0.13	0.14	0.18	0.21	0.25	0.29	0.06

续上表

工程类别 \ 综合里程(km)	1	3	5	8	10	15	20	25	30	每增加 10
构造物 I	0.08	0.12	0.15	0.18	0.21	0.26	0.32	0.36	0.42	0.08
构造物 II	0.09	0.13	0.16	0.20	0.23	0.28	0.34	0.39	0.46	0.08
构造物 III	0.16	0.23	0.29	0.36	0.42	0.51	0.62	0.71	0.83	0.16
技术复杂大桥	0.07	0.10	0.13	0.16	0.19	0.23	0.28	0.32	0.37	0.07
隧道	0.07	0.10	0.12	0.16	0.18	0.22	0.27	0.31	0.36	0.07
钢材及钢结构	0.07	0.10	0.13	0.17	0.20	0.24	0.29	0.33	0.38	0.07

表 2-11 中的综合里程指粮食、燃料、蔬菜、水的全线平均运距的加权平均运距，其计算公式为：

综合里程＝粮食运距×0.06＋燃料运距×0.09＋蔬菜运距×0.15＋水运距×0.70

当综合里程数在表列里程之间时，费率可内插计算。

3.职工探亲路费

职工探亲路费，以各类工程类别的直接费之和为基数，二类工程按表 2-12 的费率计算。

表 2-12　职工探亲路费费率表(%)

工程类别	费率类别	工程类别	费率类别
人工土方	0.07	构造物 I	0.20
机械土方	0.15	构造物 II	0.24
汽车运输	0.10	构造物 III	0.39
人工石方	0.07	技术复杂大桥	0.20
机械石方	0.15	隧道	0.27
高级路面	0.10	钢材及钢结构	0.11
其他路面	0.11		

4.财务费用

财务费用以各类工程类别的直接费之和为基数，二类工程按表 2-13 的费率计算。

表 2-13　财务费用费率表(%)

工程类别	费率类别	工程类别	费率类别
人工土方	0.18	构造物 I	0.30
机械土方	0.17	构造物 II	0.32
汽车运输	0.17	构造物 III	0.66
人工石方	0.18	技术复杂大桥	0.46
机械石方	0.16	隧道	0.39
高级路面	0.22	钢材及钢结构	0.38
其他路面	0.24		

(三)辅助生产间接费

辅助生产间接费以人工费为基数,二类工程按表 2-14 的费率计算。

表 2-14　辅助生产间接费(%)

费用名称	费率类别
辅助生产间接费	4

三、利润

利润,二类工程按直接费与间接费之和扣除规费后按 4%计列。

四、税金

税金(含营业税、城市维护建设税及教育附加税等)按国家和我省的有关规定计算。

第三章　设备工具器具及家具购置费

一、设备工具器具购置费

1. 收费、通信、监控、供配电系统设备,隧道供电照明、消防、通风设备,由概预算编制单位根据新建或改建状况计列设备购置清单,包括设备名称、型号、数量、价格;需安装的设备,其安装费用在第一部分建安工程费中计列。

2. 养护设备工器具购置费

根据《公路养护技术规范》(JTG H10—2009)养护机械要求和项目所在地的养护实际情况配备。

(1)新建项目概、预算参考基本配置费用见表 3-1。

表 3-1　新建项目基本配置费用　　(单位:万元/100km)

工程所在地	公路等级		
	高速	一、二级	三、四级
平原微丘区	600	400	100
山岭重丘区	800	500	150

(2)改建项目,设计单位在勘察设计阶段调查管理养护单位已有的养护机械设备状况,同时结合项目所在地气候、地形条件,参照新建项目每百公里机械配备额度,提出需补充购置的养护机械设备及工器具,并列入甲组文件 05 表。

(3)特殊地区需配置大型特殊养护设备时,根据需要经论证后计列。

二、办公和生活用家具购置费

办公和生活用家具购置费适用于国省道新建、改建项目运营初期的收费、养护生产、管理所必须购置的办公和生活用家具购置费。办公及生活用家具购置费见表 3-2。

表 3-2　办公及生活用家具购置费标准　　(单位:元/公路公里)

工程所在地	二类工程
全省各州、市、县	2500

注:改建工程按表列数 80%计;一类工程按部颁规定执行。

第四章　工程建设其他费用

一、土地征用及拆迁补偿费

土地征用及拆迁补偿费中的各项费用内容计算标准统一按国家及云南省人民政府颁布的有关规定和标准计算，省人民政府未颁布的有关规定和标准的费用内容，可按项目所在地区州（市）人民政府颁布的有关规定和标准计算，省、州（市）人民政府均未颁布有关规定和标准的费用内容，可参照项目所在地县（市、区）人民政府统一颁布的有关规定和标准计算。同时，在造价文件中应说明取费依据和标准。

二、建设项目管理费

1. 建设单位管理费

建设单位（业主）管理费以建筑安装工程费总额为基数，二类工程按表 4-1 的费率，以累进办法计算。

表 4-1　建设单位（业主）管理费费率表

第一部分建筑安装工程费总额（万元）	费率（%）	算例（万元）	
		建筑安装工程费	建设单位（业主）管理费
500 以下	2.61	500	500×2.61%＝13.05
501～1 000	2.05	1 000	13.05＋500×2.05%＝23.33
1 001～5 000	1.64	5 000	23.33＋4 000×1.64%＝88.9
5 001～10 000	1.38	10 000	88.9＋5 000×1.38%＝157.9
10 001～30 000	1.14	30 000	157.9＋20 000×1.14%＝385.9
30 001～50 000	0.95	50 000	385.9＋20 000×0.95%＝575.9
50 001～100 000	0.71	100 000	575.9＋50 000×0.71%＝930.9
100 000 以上	0.57	110 000	930.9＋10 000×0.57%＝987.9

注：一类工程按部颁规定执行。

2. 竣（交）工验收试验检测费

按表 4-2 的费额计算。

表 4-2　竣（交）工验收试验检测费标准表

项　目	二类工程
费额标准（元/公路公里）	4 000

注：一类工程按部颁规定执行。

三、研究试验费

原则上不计列该项费用，确需要研究实验验证设计基础资料的，可据实列计研究试验费。

四、建设项目前期工作费

1. 建设单位在勘察委托书或勘察招标文件中需明确勘察的内容范围并明确地质钻探的内容及取费标准的依据。

2. 建设项目前期工作费应按项目建议书、初步设计和施工图设计、招标文件等六项分别附列清单及计算式。

建设项目前期工作费用应执行国家颁发的相关收费标准及相关行业部门的规定，按表4-3公路建设工程前期工作费用计算表进行编制，并列入甲组文件06-1表。

表4-3　公路建设工程前期工作费用计算表

项目名称：　　　　　公路等级：　　　　　编制日期：　　　　　工程规模依据：

序号	工作内容	费用及计算式(万元)
	前期工作费用	
一	"预可"、"工可"编制费	
1	"预可"编制费	国家规定或合同金额计列
2	"工可"编制费	国家规定或合同金额计列
3	投资估算编制及其他费用	国家规定或合同金额计列
二	初步设计勘察设计费	
1	勘察费	国家规定或合同金额计列
	其中地质勘探费用	国家规定或合同金额计列
2	设计费	国家规定或合同金额计列
3	概算编制及调整概算费用	国家规定或合同金额计列
三	施工图勘察设计费	
1	勘察费	国家规定或合同金额计列
	其中地质勘探费用	国家规定或合同金额计列
2	设计费	国家规定或合同金额计列
3	预算编制费用	国家规定或合同金额计列
四	招标文件及标底(控制价)编制费用	国家规定或合同金额计列
五	勘察设计监理费	国家规定或合同金额计列
六	公路建设造价文件审查费	以概算建筑安装工程费总额为基数的0.04%计列
前期工作费用合计(一至六费)		

注：1.表中各项费用不得超过国家标准计算费用，没有标准的合同费用要进行成本分析；

2.本表系工程建设其他费用及回收金额计算表(06表)的附表06-1表。

五、专项评价(估)费

1.工程可行性研究阶段需研究并明确专项评价(估)的项目及级别，在总说明中明确取费依据。

2.专项评价(估)项目及费用计算应附评价(估)报告(意见)、及费用清单，专项评价(估)费用应执行国家颁发的相关收费标准和有关规定，及相应的技术服务协议(或合同)等，按表4-4公路建设工程专项评价(估)费用计算表进行编制并列入甲组文件06-2表。

六、生产人员培训费

1.该项生产人员包括收费、养护的管理人员和生产人员。

2.人员数量由建设单位和设计单位在勘察设计时，按设计文件编制办法要求确定管理养护机构设置和人员编制、定员标准，并附详细清单。

表 4-4　公路建设工程专项评价(估)费用计算表

项目名称：　　　　　公路等级：　　　　　编制日期：　　　　　工程规模依据：

序号	工作内容	费用及计算式(万元)
	专项评价(估)费	*
一	环境影响评价费	国家规定或合同金额计列
二	水土保持评估费	国家规定或合同金额计列
三	地震安全性评价费	国家规定或合同金额计列
四	地质灾害性评价费	国家规定或合同金额计列
五	压覆重要矿床评估费	国家规定或合同金额计列
六	文物勘察费	国家规定或合同金额计列
七	通航论证费	国家规定或合同金额计列
八	行洪论证(评估)费	国家规定或合同金额计列
九	使用林地可研报告编制费	国家规定或合同金额计列
十	用地预审报告编制费	国家规定或合同金额计列
十一	其他	

注：1. 表中各项费用不得超过国家标准计算费用，没有标准的合同费用要进行成本分析；
2. 本表系工程建设其他费用及回收金额计算表(06 表)的附表 06-2 表。

第五章　预　备　费

预备费由差价预备费及预备费两部分组成。需动用预备费时，应按规定报经部门核定批准。

二〇〇八年七月一日

西藏自治区公路工程基本建设项目概算预算编制办法补充规定

各地(市)交通局、厅属各单位：

交通部《公路工程基本建设项目概算预算编制办法》(JTG B06—2007)及《公路工程概算定额》(JTG/T B06-01—2007)、《公路工程预算定额》(JTG/T B06-02—2007)、《公路工程机械台班费用定额》(JTG/T B06-03—2007)(交通部2007年第33号公告)(以下简称新《定额》)已于2008年1月1日起施行。为贯彻执行好新《定额》,结合我区公路基本建设工程的实际情况,现将执行交通部新颁公路工程概算预算编制办法及概算预算定额的有关规定通知如下：

一、人工费：新建和改建的公路工程基本建设项目,人工费(含机械工)单价标准：二类区60元/工日,三类区65元/工日,四类区70元/工日,地区类别划分依据西藏自治区人民政府《关于调整职工生活费补贴标准的通知》(藏政发〔1982〕69号)执行。

人工费单价仅作为编制概算预算的依据,不作为施工企业实发工资的依据。

今后我厅将按国家及我区人工工资政策的变化按相关规定适时测算并及时发布。

二、间接费中的规费标准为46.5%,其中养老保险20%、医疗保险8%、生育保险0.5%、失业保险2%、工伤保险1%、住房公积金15%,计费基数为人工费。规费费率只作为编制概预算的依据,不作为施工企业实际交纳费用的依据。

三、2008年6月30日后上报的初步设计和施工图设计项目一律执行新《定额》。目前已上报但未审批的项目原则上执行新《定额》。

四、新《定额》实施后,我厅原发布的《西藏自治区公路基本建设工程概、预算编制办法补充规定》(藏交路字〔1997〕423号)中有关概算预算编制的补充规定同时废止。

五、公路基本建设项目投资估算的编制,在交通部未颁布新估算指标定额之前仍按《公路基本建设工程投资估算编制办法》(交公路发〔1996〕611号)和藏交路字〔1997〕423号文中有关补充规定执行,人工费单价标准仍按原规定执行。

请各单位在公路建设实践中注重总结经验,新《定额》实施过程中发现的问题及其建议,请及时函告西藏自治区交通公路工程造价管理站(地址：拉萨市罗布林卡路10号,邮编：850001,电话：0891-6838389转6860、6861,E-mail：xzlsyqy@126.com)。

二〇〇八年七月一日

陕西省公路工程基本建设项目概算预算编制办法补充规定

各设区市、杨凌示范区交通局，厅属各有关单位：

为贯彻交通部 2007 年第 33 号公告发布的《公路工程基本建设项目概算预算编制办法》（JTG B06—2007）（简称 07《编办》）及《公路工程概算定额》（JTG/T B06-01—2007）、《公路工程预算定额》（JTG/T B06-02—2007）、《公路工程机械台班费用定额》（JTG/T B06-03—2007）（简称 07《定额》），现结合我省实际情况，就有关事项通知如下：

一、执行时间

（一）根据交通部《关于〈公路工程基本建设项目概算预算编制办法〉执行时间的通知》（交工便字〔2008〕42 号）要求，07《编办》和 07《定额》自 2008 年 7 月 1 日起在我省施行。

（二）凡 2008 年 7 月 1 日前工程概算已批准的项目和已上报的项目，仍执行原《编办》及《定额》，不再进行调整。重大变更设计执行 07《编办》和 07《定额》。

二、工程项目类别

陕西省公路工程概算、预算根据公路等级、工程技术复杂程度及质量标准分为两类，按工程项目类别计算各项费用。

一类工程：高速公路、一级公路、二级公路；通信、监控（收费）、设备（电器）安装单项工程；独立大桥、特大桥、隧道及构造物加固。

二类工程：三级公路、四级公路，其中的特大桥和 1 000m 以上的隧道按一类工程对待。

三、工程各项费用

（一）直接费

1. 人工费

公路工程生产工人人工费标准为 45.04 元/工日。

人工费单价仅作为编制工程概算、预算的依据，不作为施工企业实发工资的依据。

2. 材料费

（1）陕西省公路工程材料预算价格应执行工程所在地市场价格。编制单位可根据工程所在地区的市场调查价或采用陕西省交通厅交通工程定额站发布的材料指导价作为材料原价。

（2）各种材料运费统一按照社会运输计算。概算、预算编制执行表 1 所列的运价。

表1　公路货物运价表　　　　[单位:元/(t·km)]

货物分类	一类货物	二类货物	三类货物	特种货物
运价	0.53	0.59	0.64	0.69

上述运价仅作为编制工程概算、预算的依据,不作为工程实际支付的依据。

运输货物必须经过收费公路时,其通行费可按照实际收费标准换算后计入运杂费中。

一类货物:砂、片石、渣(碎)石、寸石、石屑、砾石、卵石、土等;

二类货物:钢材、沥青、木材、柴草、砖、瓦、块石(料石)、生石灰、煤、泥、水泥、矿粉、粉煤灰、水泥制品等;

三类货物:橡胶制品、交电器材、机器设备、装饰石料、瓷砖、玻璃、反光玻璃珠、底油、环氧树脂等;

特种货物:爆炸物品,汽柴油、重油、长大笨重货物。

(3)装卸费采用标准(见表2)。

表2　各类货物装卸费表　　　　(单位:元/t)

项目＼货等	一类货物	二类货物	三类货物	特种货物
装	2.1	2.4	2.7	3.3
卸	—	2.4	2.7	3.3
装卸	2.1	4.8	5.4	6.6

注:二等货物中块石、生石灰、煤、粉煤灰、泥等不计卸费。

3.施工机械使用费

(1)机械台班费中人工费标准同上述规定,动力燃料按工程项目材料的预算价格计算。

(2)自发电按07《编办》的近似公式计算电价,并将采用的发电机组总功率在编制说明中进行说明。自发电按工程所在地区供电条件确定其比例,社会电网通达工程的自发电比例:路线工程不超过15%;独立大桥和隧道不超过10%。

(3)养路费执行《陕西省物价局、交通厅关于规范交通规费征收有关问题的通知》(陕价管调发〔2003〕55号)有关规定,养路费征收标准为210元/(t·月),按车辆吨位计算。

(4)车船使用税执行陕地税发〔2008〕29号文有关规定见表3。

表3　陕西省车船税标准　　　　[单位:元/(t·年)]

货　车	轮式专用机械车	船　舶		
		≤200	201～2 000	2 001～10 000
96	60	3	4	5

注:车辆按自重计;船舶按净吨位计,拖船和非机动驳船分别按船舶税额的50%计。

(二)其他工程费及间接费

1.规费

根据陕西省有关规定,公路工程规费以各类工程人工费之和为基数按表4计算。

表4　公路工程规费标准(%)

项　目	费率标准	项　目	费率标准
养老保险费	20	住房公积金	8
失业保险费	2.5	工伤保险费	1.7
医疗保险费	6.6	合　计	38.8

2. 各项费用

(1)主副食运费补贴:按07《编办》计算。平原微丘区项目综合里程按5km计;山岭重丘区项目综合里程按10km计。

(2)二类工程的安全及文明施工措施费、临时设施费、工地转移费和企业管理费的基本费用、职工探亲路费、职工取暖补贴费、财务费用按07《编办》规定的80%计算,其余均按07《编办》计算。

(三)税金

公路工程概算、预算税金按以下公式和税率计算:

$$综合税金额=(直接费+间接费+利润)\times综合税率$$

$$综合税率=\left[\frac{1}{1-营业税税率\times(1+城市维护建设税税率+教育费附加税率)}\right]-1$$

1. 概算综合税率按3.41%计。

2. 预算综合费率按3.35%计。

(四)设备、工具、器具及家具购置费

设备、工具、器具及家具购置费按07《编办》计。新建公路其养护设备、工具、器具按《公路养护技术规范》(JTJ 073—96)附录C"公路养护每100km机械配备参考表"选择列出计划购置清单。

(五)竣(交)工验收试验检测费

竣(交)工验收试验检测费按陕交发〔2006〕42号文有关规定的80%计算。

(六)研究试验费

工程如需要计列研究试验费,应对研究试验内容和要求进行说明。不在施工辅助费、勘察设计费、科研三项费用中包含的试验或工程质量检测的费用可计列在本项费用内,但应列出试验项目和内容。

四、工程概算、预算编制有关事项

1.《陕西省公路工程补充预算定额》(陕交建〔2000〕475号、陕交发〔2007〕449号)除锚索防护和钢管拱桥部分外,其他与《公路工程预算定额》(JTC/T B06-02—2007)不一致时,以07《定额》为准。

2. 造价文件报审。公路工程概算、预算文件报审时,应同时报送完整的电子文档(概算、预算电子数据文件)。

五、其他

上述有关规定的解释权归省交通厅,日常解释工作由厅定额站负责。

二〇〇八年七月十五日

甘肃省执行交通部 2007 年《公路工程基本建设项目概算预算编制办法》的补充规定

为了构建资源节约型、环境友好型公路行业，适应我省公路建设的需要，合理确定和有效控制工程造价，根据交通部 2007 年 10 月 19 日公布的《公路工程基本建设项目概算预算编制办法》(JTG B06—2007)(以下简称交通部 2007《编制办法》)及《公路工程概算定额》(JTG/T B06-01—2007)、《公路工程预算定额》(JTG/T B06-02—2007)、《公路工程机械台班费用定额》(JTG/T B06-03—2007)(以下简称交通部 2007《定额》)，结合甘肃省实际，特制定本补充规定。

一、执行交通部 2007《编制办法》、交通部 2007《定额》和本补充规定的有关事项

(一)公路工程基本建设项目概算和预算应分别采用交通部 2007 年公布的《公路工程基本建设项目概算预算编制办法》、《公路工程概算定额》、《公路工程预算定额》和《公路工程机械台班费用定额》，并按照本补充规定进行编制。

(二)本补充规定适用于本省新建和改建的公路基本建设工程项目。

(三)本补充规定未明确的其他费用项目、内容和标准，均按交通部 2007《编制办法》的有关规定计列。

(四)本补充规定从 2009 年 5 月 1 日起执行，在此之前已经审批了初步设计概算的项目不再进行调整。

(五)甘肃省交通厅 2004 年 1 月 1 日发布的《甘肃省执行交通部一九九六年公路基本建设工程投资估算、概算、预算编制办法补充规定》(甘交建〔2004〕1 号)从本补充规定公布施行之日起废止。

(六)本补充规定由甘肃省公路工程定额管理站(以下简称省定额管理站)负责解释。

二、补充规定的具体内容

(一)直接工程费

1. 人工费

根据交通部 2007《编制办法》的规定并结合甘肃省实际，我省公路工程基本建设项目编制概、预算时，人工单价(含机械工)按表 1 计算。今后省定额管理站将根据甘肃省政府和主管部门公布的全省最低工资标准及时调整。

表1　甘肃省公路基本建设项目人工工日单价表

序号	人工费标准 （元/工日）	市、县、区名称
1	47.44	兰州市城关区、七里河区、安宁区、西固区，平凉市崆峒区、泾川县、灵台县、崇信县、华亭县，白银市白银区、会宁县、景泰县、靖远县，天水市秦州区、麦积区、清水县、秦安县、甘谷县、武山县，庆阳市西峰区、庆城县、宁县、正宁县、合水县，武威市凉州区，定西市安定区、通渭县、陇西县、渭源县、临洮县、岷县、漳县，张掖市甘州区、临泽县、高台县、山丹县，陇南市武都区、成县、西河县、礼县、徽县、两当县、文县、康县、宕昌县，临夏州临夏市、永靖县
2	53.95	兰州市红古区、榆中县、永登县、皋兰县，金昌市金川区、永昌县，白银市平川区，庆阳市镇原县、华池县、环县，平凉市庄浪县、静宁县，天水市张家川回族自治县，临夏州临夏县、和政县、广河县、康乐县，甘南州临潭县、舟曲县、迭部县，武威市古浪县、民勤县，张掖市民乐县，嘉峪关市，酒泉市肃州区、敦煌市、玉门市、瓜州县、金塔县
3	64.78	临夏州东乡族自治县、积石山保安族东乡族撒拉族自治县，张掖市肃南裕固族自治县，武威市天祝藏族自治县，甘南州合作市、卓尼县、夏河县，酒泉市肃北蒙古族自治县、阿克塞哈萨克族自治县
4	80.88	甘南州玛曲县、碌曲县

人工费说明：

(1)人工工日单价仅作为编制概、预算造价文件的依据，不作为施工企业实发工资的标准；

(2)机械（含工程船舶）台班定额中人工工日单价按照生产工人人工工日单价标准执行；

(3)公路建设项目跨不同市、县、区时，人工工日单价按项目跨不同市、县、区的建安费比例加权计算，比例无法确定的可按路线长度加权计算。

2. 材料费

材料费按工程所在地的材料预算价格计算。材料预算价格由材料原价、运杂费、场外运输损耗、采购及仓库保管费组成。

材料预算价格＝（材料原价＋运杂费）×（1＋场外运输损耗率）×（1＋采购及保管费率）－包装品回收价格

(1)材料原价

外购材料：一般应采用省定额管理站在“甘肃公路工程造价管理信息网”网站（www.gsglzj.com）上定期公布的甘肃省公路工程外购材料调查价格、综合价格。

地方性材料：包括外购的砂、石材料等，一般按实际调查价格计算。

自采加工材料：材料采集加工不计高原施工增加费，按定额开采单价加辅助生产间接费（按开采人工费的5%计）和矿产资源费（如有）计算。

(2)运杂费

①运杂费系指材料自供应地点至工地仓库（施工地点存放材料的地方）的运杂费用，包括装卸费、运费和其他杂费。外购材料的运距一般应从各市、州、县所在地中心算至工地，当直接采用兰州市或工程所在地附近的外购材料时，运距应按实际计算，自采加工材料的运距应从料场算至工地。

②通过铁路部门运输的材料，按铁路部门规定的运价计算运费。通过公路运输的材料，其

运价和装卸费用采用省定额管理站定期公布的公路建材运输价格。公路运输的货物等级与公路建材运价及装卸费按省定额管理站发布的规定计取。

③施工单位自办的运输，15km以上的汽车运输按省定额管理站公布的运价计算运费；15km及以内的运输，当工程所在地交通不便、社会运输力量缺乏时，如边远地区和某些山岭地区，允许单程在10～15km(含15km)的汽车运输按省定额管理站公布的运价加30%计算运费，5～10km(含10km)的汽车运输按省定额管理站公布的运价加50%计算运费；5km及以内的汽车运输以及其他方式的场外运输，按预算定额计算运费(其中人力装卸和运输另按人工费加计5%的辅助生产间接费)。

④一条路线跨越两个以上(含两个)地区时，应按各地区通过里程，采用加权平均的方法计算外购材料价格。

一种材料如有两个以上的供应点时，应根据不同的运距、运量、运价采用加权平均的方法计算运费。平均运距中汽车运输便道里程不得乘以调整系数，也不得在工地仓库或堆料场之外再加场内运距或二次倒运的运距。

(3)采购及保管费

外购构件(如外购的钢桁梁、钢筋混凝土构件及加工钢材等半成品)的采购及保管费率为1.0%；商品混凝土的采购及保管费率为0；其余材料的采购及保管费率为1.5%。

3.施工机械使用费

(1)施工机械台班预算价格，应按交通部2007年公布的《公路工程机械台班费用定额》(JTG/T B06-03—2007)计算，台班单价由不变费用和可变费用组成。不变费用包括折旧费、大修理费、经常修理费、安装拆卸及辅助设施费等；可变费用包括机上人员人工费、动力燃料费、养路费及车船税。可变费用中的人工工日数及动力燃料消耗量，应以机械台班费用定额中的数值为准。台班人工费工日单价同生产工人人工费单价。

(2)养路费及车船使用税，应按国家和甘肃省有关部门的规定计算，现行规定如下：

①根据国发〔2008〕37号、财综〔2008〕84号文件规定，取消公路养路费、货运车辆交通基础设施建设费。

②按2006年12月27日国务院公布的《中华人民共和国车船税暂行条例》(国务院令第482号)、2007年2月1日财政部与国家税务总局联合发布的《中华人民共和国车船税暂行条例实施细则》(财政部与国家税务总局令第46号)和2007年9月25日省政府印发的《甘肃省车船税实施办法》(甘政发〔2007〕82号)的有关规定计算车船税。

③车船税计算式：

车船税(元/台班)＝车船税[元/(t·年)]×计费吨位/年工作台班

④当有新规定出台时，应按新规定执行。

(3)汽油、柴油等燃料采用工程所在地的预算价格。

4.为贯彻国家环境保护、节能减排的基本方针，建设工程项目需根据我省实际情况，合理选用节能减排技术和设备，充分考虑材料的循环利用，尽量减少资源消耗和对环境的影响。

(二)其他工程费

1.冬季施工增加费、雨季施工增加费

当一条路线通过两个以上的气温区、不同的雨量区(雨季期)时，按不同气温、雨量区的路线长度加权平均分别计算冬季施工增加费、雨季施工增加费；工期在1年内且不在冬季施工的项目不计取冬季施工增加费。

2.特殊地区施工增加费

(1)高原地区施工增加费

当一条路线通过两个以上(含两个)的不同的海拔高度区时，按不同海拔高度区的路线长度加权平均计算高原地区施工增加费。

(2)风沙地区施工增加费

属沙漠腹地的执行部颁费率，属风沙影响区的按以下类别计取费率：风沙影响区按15年内年日最大平均五级及五级以上大风天数，参照年平均瞬时八级及八级以上风力和年浮尘、扬沙、沙尘暴天数进行划分。对年日最大平均五级及五级以上大风天数35天以上的按风沙一区固定沙漠取费标准计算，对年平均五级及五级以上大风天数25～35天的按风沙一区固定沙漠取费标准的55%计算，具体费率见表2。

表2　风沙影响区施工增加费费率(%)

工程类别	金塔县、玉门市、瓜州县、敦煌市、山丹县、金川区、民勤县、天祝县	嘉峪关市、肃州区、甘州区、永昌县、凉州区、古浪县、景泰县
人工土方	6.00	3.30
机械土方	4.00	2.20
汽车运输	4.00	2.20
人工石方	—	—
机械石方	—	—
高级路面	0.50	0.28
其他路面	2.00	1.10
构造物Ⅰ	4.00	2.20
构造物Ⅱ	—	—
构造物Ⅲ	—	—
技术复杂大桥	—	—
隧道	—	—
钢材及钢结构	1.00	0.55

3.行车干扰工程施工增加费

新建工程项目不计行车干扰费，改建工程应尽量考虑社会交通车辆绕行及临时便道，确实无法绕行或修建便道时，方可计列行车干扰费。

4.安全及文明施工措施费

不分工程类别(含设备安装工程)，均按1%的费率计算。

5.临时设施费

按工程项目不同等级分两类取费，分类及费率见表3。

表3 临时设施费费率表(%)

工程类别	费率	
	高速、一级公路和有特殊要求的桥隧构造物	二级及二级以下公路
人工土方	1.57	1.33
机械土方	1.42	1.21
汽车运输	0.92	0.78
人工石方	1.60	1.36
机械石方	1.97	1.67
高级路面	1.92	1.63
其他路面	1.87	1.59
构造物I	2.65	2.25
构造物II	3.14	2.67
构造物III	5.81	4.94
技术复杂大桥	2.92	2.48
隧道	2.57	2.18
钢材及钢结构	2.48	2.11

6.工地转移费

工地转移距离在50km以内的工程项目按50km计算。编制概算、预算时,高速、一级公路和有特殊要求的桥隧构造物按省城至工地的里程计算工地转移费,二级及二级以下公路按市、州所在地至工地的里程计算工地转移费。

(三)规费

规费包括企业必须缴纳的养老保险费、失业保险费、医疗保险费(含生育保险费)、住房公积金和工伤保险费,均以各类工程的人工费之和为基数,根据甘肃省有关文件规定,间接费中的规费费率取定为38.9%,费率标准按表4计算。规费费率只作为编制概、预算的依据,不作为施工企业实际缴纳费用的标准。此项费用标准今后由省定额管理站根据国家、甘肃省政府和主管部门公布的有关规定及时调整。

表4 规费费率表(%)

规费名称	养老保险费	失业保险费	医疗保险费	住房公积金	工伤保险费
规费费率	20.00	2.00	8.90	7.00	1.00

注:1.各项规费以各类工程的人工费之和为基数计算;

2.概、预算造价文件的编制按表4费率计算,实际缴纳金额按有关社会保险和公积金管理机构核定的标准计缴。

(四)企业管理费

1.基本费用

按工程项目不同等级分两类取费,分类及费率见表5。

表5　基本费用费率表(%)

工程类别	费率	
	高速、一级公路和有特殊要求的桥隧构造物	二级及二级以下公路
人工土方	3.36	2.86
机械土方	3.26	2.77
汽车运输	1.44	1.22
人工石方	3.45	2.93
机械石方	3.28	2.79
高级路面	1.91	1.62
其他路面	3.28	2.79
构造物 I	4.44	3.77
构造物 II	5.53	4.70
构造物 III	9.79	8.32
技术复杂大桥桥	4.72	4.01
隧道	4.22	3.59
钢材及钢结构	2.42	2.06

2.职工探亲路费

按工程项目不同等级分两类取费，分类及费率见表6。

表6　职工探亲路费费率表(%)

工程类别	费率	
	高速、一级公路和有特殊要求的桥隧构造物	二级及二级以下公路
人工土方	0.10	0.09
机械土方	0.22	0.20
汽车运输	0.14	0.13
人工石方	0.10	0.09
机械石方	0.22	0.20
高级路面	0.14	0.13
其他路面	0.16	0.14
构造物 I	0.29	0.26
构造物 II	0.34	0.31
构造物 III	0.55	0.50
技术复杂大桥	0.20	0.18
隧道	0.27	0.24
钢材及钢结构	0.16	0.14

3. 职工取暖补贴

工期在1年内且不在取暖期内施工的项目不计取职工取暖补贴。

4. 财务费用

按工程项目不同等级分两类取费，分类及费率见表7。

表7　财务费用费率表(%)

工程类别	费率	
	高速、一级公路和有特殊要求的桥隧构造物	二级及二级以下公路
人工土方	0.23	0.16
机械土方	0.21	0.15
汽车运输	0.21	0.15
人工石方	0.22	0.15
机械石方	0.20	0.14
高级路面	0.27	0.19
其他路面	0.30	0.21
构造物 I	0.37	0.26
构造物 II	0.40	0.28
构造物 III	0.82	0.57
技术复杂大桥	0.46	0.32
隧道	0.39	0.27
钢材及钢结构	0.48	0.34

(五)利润

利润以直接费与间接费之和扣除规费为基数，按工程项目不同等级分类取费，费率按表8计算。

表8　利润费率表(%)

工程项目等级	费率
高速、一级公路和有特殊要求的桥隧构造物	7.0
二级及二级以下公路	5.6

(六)设备、工具、器具及家具购置费

1. 收费、通信、监控、供配电系统设备，隧道供电照明、消防、通风设备

由设计单位根据新建或改建项目情况列出设备计划购置清单，包括设备名称、型号、数量、价格；需安装的设备，其安装费用在第一部分建安工程费中计列。

2. 公路养护设备及工器具

(1)新建项目按交通部《公路养护技术规范》(JTJ 073—96)附录C“公路养护每100km机械配备参考表”列出计划购置清单。

(2)改建项目，设计单位在勘察设计阶段调查管理养护单位已有的养护机械设备状况，同时结合项目所在地气候、地形条件，参照新建项目每百公里机械配备额度，提出需补充购置的

养护机械设备及工器具。

(3)特殊情况需配置大型特殊养护设备时，根据需要经论证后计列。

(七)工程建设其他费用

1. 土地征用及拆迁补偿费

土地征用及拆迁补偿费中的各项费用应按国家、甘肃省人民政府颁布的有关规定和标准计算，省人民政府未颁布有关规定和标准的费用内容，可按项目所在地市、州人民政府颁布的有关规定和标准计算；市、州人民政府未颁布有关规定和标准的费用内容，可参照项目所在地县(市、区)人民政府的有关规定和标准计算。

2. 重要电力、通信、公路与铁路交叉等设施拆迁(赔偿)费

应委托具有相关资质的设计(咨询)单位编制有关费用计算书，汇总列入概、预算内。

3. 建设单位(业主)管理费

建设单位(业主)管理费系指建设单位(业主)为建设项目的立项、筹建、建设、竣(交)工验收、总结等工作所发生的费用，不包括应计入设备、材料预算价格的建设单位采购及保管设备、材料所需的费用。费用内容包括：工作人员的工资、工资性补贴、施工现场津贴、社会保障费用(基本养老、基本医疗、失业、工伤保险)、住房公积金、职工福利费、工会经费、劳动保护费、办公费、会议费、差旅交通费、固定资产使用费(包括办公及生活房屋折旧、维修或租赁费，车辆折旧、维修、使用或租赁费，通信设备购置、使用费，测量、试验设备仪器折旧、维修或租赁费，其他设备折旧、维修或租赁费等)、交通工具购置费、零星固定资产购置费、招募生产工人费；技术图书资料费、职工教育经费、工程招标费(不含招标文件及标底或造价控制值编制费)；合同契约公证费、法律顾问费、咨询费；建设单位的临时设施费、完工清理费、竣(交)工验收费(含其他行业或部门要求的竣工验收费用)、各种税费(包括房产税、车船税、印花税等)；建设项目审计费、境内外融资费用(不含建设期贷款利息)、业务招待费、安全生产管理费和其他管理性开支。建设单位(业主)管理费按交通部2007《编制办法》规定的费率计列。

其中，交通工具购置费系指公路基本建设管理用车的购置，按国家和甘肃省有关规定执行，以满足项目用车。二级以下公路不允许购置管理用车，高速、一级公路和二级公路管理用车购置数量按表9控制。

表9　公路基本建设管理用车购置控制数量表　(单位：辆)

项目里程 \ 公路等级	高速、一级公路	二级公路
50km以内	1～3	1
50～100km以内	2～4	1～2
100～200km以内	3～5	2～3
每增加50km	1	不考虑

注：新成立建设单位可考虑取高限，其他建设单位取低限；建设单位应尽量利用原有车辆。

4. 建设项目前期工作费

应执行国家、省上颁布的收费标准和相关行业部门的规定以及合同协议价，按“××建设项目前期工作费用计算表”进行编制(见表10)。

表10　××建设项目前期工作费用计算表

项目名称：　　　　　　公路等级：　　　　　　编制日期：　　　　　　工程规模依据：

序号	工作内容	里程（km）	费用(万元)	指标(万元/km)	备注
一	"预可"、"工可"编制费				
二	初步设计、施工图勘察设计费				
三	招标文件及标底编制费用				
前期工作费用合计(一至三)					

5. 专项评价(估)费

应执行国家、省上颁布的收费标准和有关规定以及合同协议价，按"××建设项目专项评价(估)费用计算表"进行编制(见表11)。在初步设计概算文件中应附相应技术服务协议或合同。

表11　××建设项目专项评价(估)费用计算表

项目名称：　　　　　　公路等级：　　　　　　编制日期：　　　　　　工程规模依据：

序号	工作内容	里程（km）	费用(万元)	指标(万元/km)	备注
一	环境影响评价费				
二	水土保持评估费				
三	地震安全性评价费				
四	地质灾害性评价费				
五	压覆重要矿床评估费				
六	文物勘察费				
七	通航论证费				
八	行洪论证(评估)费				
九	使用林地可研报告编制费				
十	用地预审报告编制费				
十一	其　他				
专项评价(估)费合计(一至十一)					

6. 施工机构迁移费

一般不予计列。

7. 供电贴费、固定资产投资方向调节税

目前按国家有关规定暂不计列。

8. 公路交工前养护费指标

平均养护月数一般按3个月计，特殊情况按实计算。

(八)预备费

1. 价差预备费

价差预备费计算中年工程造价增涨率按国家和省上有关部门公布的工程投资价格指数计算；或由省定额管理站根据全省公路基本建设工程费用可能发生的上浮因素，以第一部分建筑安装工程费为基数进行分析预测。概算、预算暂按3%计列。

2.基本预备费

(1)基本预备费包括新的法规或政策规定必须由项目支付的费用。

(2)投保的工程,在施工招标文件中所列工程保险费,须经交通主管部门核准后在基本预备费中计列。

三、其他事项

(一)为便于概、预算造价文件的报送、审查、审批和数据录入,确保造价文件的编制质量,凡进入我省公路建设市场的概、预算和工程报价编制软件,必须通过交通运输部组织的测评,目前通过测评的软件为上海中交海德、北京中交京纬、昆明海巍、广东同望4家。今后其他造价软件进入甘肃公路建设市场,应通过甘肃省交通厅或省定额管理站的检测评定方可进入。

(二)公路工程概、预算和报价编制工作应由具有相应资格的设计、工程(造价)咨询单位负责编制,编制、审核人员必须持有交通运输部公路工程造价人员执业资格证书和印章,并对工程造价文件的编制质量负责。

二〇〇八年七月一日

青海省公路工程基本建设项目概算预算编制办法补充规定

一、本补充规定是依据《公路工程基本建设项目概算预算编制办法》(JTG B06—2007)中华人民共和国交通部2007年10月19日发布(简称2007《编办》)结合青海省实际情况制定。

二、本补充规定只适用于青海省公路工程基本建设新改建项目概预算的编制和管理。

三、本补充规定由青海省交通建设工程造价管理站负责解释。

四、本补充规定的具体内容

(一)直接工程费

1.人工费:生产工人每工日人工费依照2007《编办》规定的公式和内容计算。青海省各地区每工日人工费标准见表1。

表1 各地区每工日人工费标准

序号	市、州、县名称	日工资标准(元)
1	西宁市区、大通县、湟中县、湟源县、乐都县、民和县、平安县、互助县、循化县	65
2	化隆县、贵德县、共和县、尖扎县、同仁县、海晏县、门源县	70
3	同德县、贵南县、兴海县、祁连县、刚察县、德令哈市、乌兰县、都兰县	75
4	泽库县、河南县、天峻县、大柴旦行委、格尔木市、冷湖行委	80
5	茫崖行委、玛沁县、班玛县、久治县、甘德县、达日县、玛多县、杂多县、称多县、治多县、囊谦县、玉树县、曲麻莱县	85
6	唐古拉山镇	89

根据2007《编办》的相关规定,各地区公路工程生产工人每工日人工费标准应根据青海省人民政府公布执行的全省最低工资标准的变化情况及时调整。

人工费单价仅作为编制概、预算的依据,不作为施工企业实发工资的依据。

2.材料费:外购材料的原价、运价执行青海省交通建设工程造价管理站每季度“青海公路工程造价管理信息”发布的指导价。

3.机械使用费:机械台班单价计算时,考虑高寒边远地区维修工资、配件材料等价差的影响因素,第一类费用即不变费用采用1.1的系数进行调整。

(二)其他工程费

1.沿海地区工程施工增加费不计。

2.工地转移费计算时,转移距离均按西宁至工地的里程计算。

（三）间接费

1. 规费：企业应为职工缴纳的费用，即养老保险、失业保险、医疗保险、工伤保险、生育保险、住房公积金。根据青海省相关法律、法规的规定分别为：20％、2％、10％、1％、1％、11％合计为 45％。“五险一金”根据相关法律、法规、规章的变化及时调整。

2. 主副食运费补贴计算时，其综合里程计算当中的粮食、蔬菜、燃料运距从离工地最近的州、地、市、县计算，水采用全线的平均运距计算。

（四）设备购置费、工器具及生产家具购置费

根据项目养护管理的实际需要，列出计划购置设备工器具及生产家具的清单（包括设备的规格、型号、数量）。

（五）二级及以下公路养护工区房按每 30km1 处，主建筑面积按每处 600m^2 计列。

（六）设计文件审查费执行 2007《编办》费率，但需按项目执行情况支付费用，其中预可、工可研阶段为 20％，初步设计阶段为 30％，技术和施工图设计阶段为 45％，变更设计和调概阶段为 5％。

（七）公路交工前养护费的平均养护月数为 6 个月。

（八）其他事项

1. 本规定未涉及的内容均按 2007《编办》执行。

2. 概算、预算均由有资格的设计、工程（造价）咨询单位负责编制，编制、审核人员必须持有公路工程造价人员执业资格证书，并加盖执业（从业）资格印章。

3. 设计单位交付设计文件时，必须同时交付概算、预算编制基础数据电子版。

4. 在编制公路工程建设项目概算、预算时，凡与本规定相抵触的均以本规定为准。

五、本补充规定于 2008 年 7 月 1 日起执行，原《青海省公路基本建设工程概算、预算编制办法补充规定》（青交计字〔1998〕122 号）、“关于《青海省公路基本建设工程概算、预算编制办法补充规定》部分内容修改的通知”（青交公〔2001〕421 号）、《关于调整青海省公路工程概（预）算人工工资标准的通知》（青交公〔2004〕581 号）、“关于执行交通部《关于完善公路基本建设工程概算、预算编制办法有关内容的通知》的通知”（青交公〔2006〕11 号）四个文件同时废止。

二〇〇八年七月一日

宁夏回族自治区公路工程基本建设项目概算预算编制办法补充规定

各市、县(区)交通局、厅直有关单位:

根据交通部2007年第33号关于公布《公路工程基本建设项目概算预算编制办法》(JTG B06—2007)及《公路工程概算定额》(JTG/T B06-01—2007)、《公路工程预算定额》(JTG/T B06-02—2007)《公路工程机械台班费用定额》(JTG/T B06-03—2007)的公告通知精神(以下简称新《编制办法》),结合我区公路基本建设工程的具体情况,现将有关规定通知如下,请遵照执行。

一、根据有关规定和测算,我区公路建设项目采用统一的人工费单价,人工费单价为45.10元/工日,人工费单价标准仅作为编制概算预算的依据,不作为施工企业实发工资的依据,今后将根据国家人工工资政策的变化适时调整并发布。

二、根据我区有关文件规定,间接费中的规费费率标准为38.2%,其中:养老保险费20%,失业保险费2%,医疗保险费6.7%,住房公积金8.5%,工伤保险费1%。规费费率仅作为编制概、预算的依据,不作为施工企业实际交纳费用的依据。

三、其他工程费、间接费中的企业管理费、利润和税金等均按新《编制办法》费率执行。但我区地域内有毛乌素沙漠和腾格里沙漠,路线如需穿过这两个风沙地区时,由工程勘察设计人员根据覆盖度确定风沙区划。当部分路线穿过风沙区时,应根据路线长度按新《编制办法》的相关规定折算费率。

四、农村公路不计冬季施工增加费和职工取暖补贴,并将临时设施费、企业管理费和利润按新《编制办法》规定的取费标准乘以0.6的系数。

五、编制投资估算时,人工费单价暂不执行此规定。

六、公路工程造价编制软件是编制概算预算的重要工具,其质量高低影响计算结果的正确性,故要求进入我区公路工程建设市场造价编制软件,必须通过交通部公路司组织的测评。

七、从2008年7月1日起,我区所有公路工程基本建设项目概算预算编制均应执行本通知的有关规定,原宁交发〔1998〕044号关于发布《宁夏回族自治区交通厅执行交通部〈公路基本建设工程概算、预算编制办法〉的补充规定》的通知、原宁交通知〔2005〕183号《关于执行交通部〈完善公路基本建设工程概算预算编制办法有关内容的通知〉》同时废止。

请各有关单位在实践中注意总结经验,执行过程中若有建议请函告区公路工程造价管理站。

二〇〇八年七月一日

新疆维吾尔自治区公路工程基本建设项目概算预算编制办法补充规定

第一章　总　　则

一、为合理确定公路工程建设项目投资，根据交通部《公路工程基本建设项目概算预算编制办法》(JTG B06—2007)(以下简称 2007《编办》)及公路交通投资体制改革的有关政策，结合新疆公路工程建设的实际，制订本补充规定，本补充规定与交通部 2007《编办》配套使用。

二、本补充规定适用于新疆维吾尔自治区境内新建、改建公路工程基本建设项目概算、预算的编制和管理。

三、编制概、预算时，如遇定额缺项，按有关规定编制补充概算或预算定额，并将有关基础资料随概、预算文件一并上报。

四、设计变更预算的编制

1. 重大设计变更、较大设计变更必须编制预算。

2. 重大设计变更、较大设计变更的工程费用按现行公路工程概算预算编制办法、本补充规定及相关定额编制预算；预算编制中核增工程采用设计变更时工料机价格，核减工程直接核减批复概(预)算的相应造价，设计变更预算不计列预备费。

五、公路管理、养护及服务房屋建筑规模在初步设计概算时按本补充规定标准控制并计价，施工图设计阶段必须根据具体的施工图设计编制完整的建筑预算，并汇入公路工程总预算中；预算编制执行工程所在地的统一计价定额，超出定额规定运距的材料，计列相应的运费。

六、项目概预算实行审批制，对于建设单位管理费、监理费等项目费用可根据项目实际情况下浮审批。

七、造价文件应采用交通主管部门市场准入的软件编制，并将数字化副本随造价文件一并上报。

八、造价文件必须由取得相应资格的公路工程造价人员编审并签章。

九、本补充规定中的人工费、机械台班使用费、公路货物运价等是编制概算预算的依据。

十、本补充规定由新疆维吾尔自治区公路工程造价管理站解释。

十一、各单位在执行中注意积累资料、总结经验，将修改意见及时函告新疆维吾尔自治区公路工程造价管理站。

第二章　建造安装工程费

一、直接费

1. 人工费工日单价(元/工日)由新疆维吾尔自治区公路工程造价管理站适时发布,现行单价见附表1《新疆公路工程人工费工日单价表》;一条路线跨越两个以上不同工资区时,按各段路线长度加权计算人工费工日单价。

2. 材料费

材料预算价格由材料原价、运杂费、场外运输损耗、采购及仓库保管费组成。

(1)材料原价

材料原价参照新疆维吾尔自治区公路工程造价管理站发布的15地州(市)材料价格确定;自采加工材料按设计成品率及相关定额进行分析计算,当有社会供应与自采加工两种方式时,取用经济价格;概算、预算编制说明中应附经济分析资料。

(2)运杂费

①根据交通部《汽车运价规则》(交公路发〔1998〕502)货物运价有关规定和我区公路建设的实际情况,货物分为四个等级,见表2-1《公路货物分等表》。

②公路路况分为三类,见表2-2《公路路况分类表》。

③货物在一类路况运价以一类路况为基础,二类路况加成20%,三类路况加成60%计算,加成后运率保留小数点后2位数。

表2-1　公路货物分等表

等　级	名　称
一等	1. 煤、砂、片石、砾(碎)石、卵石、石渣 2. 土、淤泥、垃圾 3. 粉煤灰、路渣
二等	1. 木材、橡胶、固体沥青(桶装沥青)、水、草籽、草、芦苇、树条 2. 水泥及其制品(袋装水泥、水泥预制件)、石灰、水泥稳定料、沥青混合料、水泥混凝土 3. 钢材、铁及铁件、有色金属、五金制品、砖、瓦、水泥瓦、块石、石膏、石灰石、生石灰等
三等	1. 橡胶制品,陶瓷、玻璃及其制品,大理石、花岗岩、汉白玉、水磨石板等 2. 散装水泥、石粉等,罐装沥青、重油 3. 油漆、涂料、环氧树脂 4. 钢梁、钢桁、钢管拱、大型砼构件
危险	汽油、柴油、雷管、炸药、导火线、纱包线、母线

注:未列入表内的其他货物,除参照同类货物分等外,均列入二等。

表 2-2　公路路况分类表

路况类别	公路路况条件
一类	海拔 2 000m 以下(含 2 000m)有沥青或水泥路面的等级公路
二类	1.有砂砾路面的等级公路 2.海拔 2 001～3 000m 有沥青(水泥)路面的等级公路 3.有路面的社会交通便道或平原微丘区地质状况好稍加修整即可达到砂砾路面行车要求的便道
三类	1.海拔 3 000m 以上沥青或水泥路面的等级公路 2.二类路况中未包含的其他便道

④经过两个以上不同计费线路的直达运输，按货物运输起讫点之间总长度的运价率乘以不同计费路段里程计算运费。

⑤当运距在 1km 以上(含 1km)时，采用《新疆公路货物运价率表》计算运价，运距保留小数点后一位小数，运率内插；不再考虑施工单位自办运输及运输加成。

⑥当运距在 1km 以内时，按预算定额计算运费。

(3)综合装卸费见表 2-3。

表 2-3　综合装卸费表　　(单位:元/t)

项目＼货物分类	一等货物	二等货物	三等货物	危险货物
装	1.8	2.2	4.0	4.0
卸	1.2	2.2	3.8	3.8
装卸	3.0	4.4	7.8	7.8

注:当自卸车运输砂石料时只计装车费，沥青(水泥)混凝土的装卸费按 7.8 元/t 计，水泥稳定砂砾料的装卸费按 4.4 元/t 计。

(4)铁路运输时其运杂费按铁道部有产规定计算。

3.施工机械使用费

机械台班费按交通部《公路工程机械台班费用定额》(JTG/T B06—03)进行计算。

(1)台班人工费工日单价、动力燃料按规定计算。电价根据工程所在地的供电情况，设计时必须载明自发电、社会电网供电及其比例，当采用自发电时，按 2007《编办》的公式计算电价，并将采用的发电机组总功率载明，在编制说明中进行说明。

(2)机械台班养路费及车船使用税按现行规定计算。

4.其他直接费

(1)冬季施工增加费、雨季施工增加费、高原地区施工增加费，当一条路线通过两个以上气温(雨量、海拔)区时，按不同气温(雨量、海拔)区的路线长度加权平均计算；工期在 1 年内且不在冬季施工的项目不计取冬季施工增加费。

(2)行车干扰工程施工增加费，新建工程项目不计行车干扰费，改建工程应由设计尽量考虑社会交通车辆绕行及临时便道，确实无法绕行或修建便道时，方可计列行车干扰费；部分区段、工程受干扰的应加权计算。概算、预算编制中应说明昼夜社会交通量及受干扰工程加权计算的过程。

(3)工地转移费,工地转移距离在50km以内的工程项目按50km计算工地转移费。

二、间接费

1.规费以人工费为计算基数,各项规费及费率为养老保险费20%、失业保险费2%、医疗保险费8.3%(其中基本医疗保险费7.5%、生育保险费0.8%)、住房公积金8%、工伤保险费0.5%计列,国家及自治区对规费有调整时,新疆维吾尔自治区公路工程造价管理站适时作出调整。

2.工期在1年内且不在取暖期内施工的项目不计取职工取暖补贴。

第三章　设备工具器具及家具购置费

一、设备工具器具购置费

1.收费、通信、监控、供配电系统设备,隧道供电照明、消防、通风设备,由设计单位根据新建或改建状况计列设备购置清单,包括设备名称、型号、数量、价格;需安装的设备,其安装费用在第一部分建安工程费中计列。

2.养护设备工器具购置费

根据《公路养护技术规范》(JTG H10—2009)中的养护机械要求和项目所在地的养护实际情况配备。

(1)新建项目一般地区基本配置费用见表3-1。

表3-1　新建项目基本配置费表　　(单位:万元/100km)

工程所在地	公路等级			
	高速	一级	二级	三级
平原微丘区	700	500	300	100
山岭重丘区	1 000	800	450	200

(2)改建项目,设计单位在勘察设计阶段调查管理养护单位已有的养护机械设备状况,同时结合项目所在地气候、地形条件,参照新建项目每百公里机械配备额度,提出需补充购置的养护机械设备及工器具。

(3)特殊地区需配置大型特殊养护设备时,根据需要经论证后计列。

二、办公和生活用家具购置费

办公和生活用家具购置费适用于国省道新建、改建项目运营初期的收费、养护生产、管理所必须购置的办公和生活用家具购置费。

第四章　工程建设其他费用

一、土地征用及拆迁补偿费

按国家和自治区规定的标准及设计图纸数量计列,同时附计算清单及计费标准或合同(协议)。

二、建设项目管理费

1.建设单位(业主)管理费

一个项目分段编制概预算(含设计变更预算)时,按项目建安工程费总额所对应的费率计算分段建设单位管理费。

2.竣(交)工验收试验检测费

(1)该费用按不同公路等级,以设计里程长度为计量单位,分期分幅修建的高速、一级公路按二级公路标准计列。

(2)路基、路面分期修建的项目,路基桥涵等部分按相应公路等级标准的50%计列,路面部分按相应标准的50%计列。

(3)该费用为控制数,实际发生时按发改委有关标准或合同支付。

三、研究试验费

一般工程项目不计该项费用,确有科研项目依托工程时,根据工程可行性研究报告意见,必须对研究内容和要求进行说明。

四、建设项目前期工作费

1.建设单位在勘察委托书或勘察招标文件中需明确勘察的内容范围。在勘察设计外业验收时,应组织专家对其勘察的深度和困难类别做出评价,明确超出《公路工程地质勘察规范》的项目及内容,凡外业验收鉴定书中无明确的项目,均属现行规范规定内的勘察内容,不得按通用工程勘察收费标准重复计列勘察钻探费。

2.建设项目前期工作费必须附列清单及计算式,为上报审批的造价文件内容之一。

五、专项评价(估)费

1.工程可行性研究阶段需研究并明确专项评价(估)的项目及级别。

2.专项评价(估)项目及费用计算必须附评价(估)报告(意见)、费用清单,为上报审批造价文件内容之一。

六、施工机构迁移费、供电贴费

区内项目暂不计列。

七、联合试运转费

1.该费用适用于有通信、监控、通风、收费系统的项目和进行动(静)载荷载试验的项目。

2.无通信、监控、通风、收费系统和不进行动(静)载荷载试验的项目不计列。

八、生产人员培训费

1.该项生产人员包括收费、养护的管理人员和生产人员。

2.人员数量由建设单位和设计单位在勘察设计时,按设计文件编制办法要求确定管理养护机构设置和人员编制、定员标准,并附详细清单。

九、建设期贷款利息

1.设计中明确资本金及建设期各年度贷款额。

2.非贷款项目不计息。

第五章　预　备　费

一、价差预备费

价差预备费计算中年工程造价增涨率按有关部门公布的工程投资价格指数计算或由新疆维吾尔自治区公路工程造价管理站以第一部分建筑安装工程费为基数进行分析测算发布。

二、基本预备费

1. 基本预备费包括新的法规或政策规定必须由项目支付的费用。

2. 投保的工程，在施工招标文件中计列工程保险费，其施工招标文件的备案，视为交通主管部门已核准动用该项目预备费。

二〇〇八年七月一日

附表1 新疆公路工程人工费工日单价表

类 别	地 区	工日单价(元/工日)
一类	乌鲁木齐市、石河子市	50.68
二类	奎屯市、吐鲁番市	53.79
	五家渠市、沙湾县、乌苏市	56.21
	乌鲁木齐市(达坂城区、乌鲁木齐县、米东区)、昌吉市、阜康市、玛纳斯县、呼图壁县	57.63
	克拉玛依市	61.56
三类	阿拉尔市、阿克苏市、库尔勒市、库车县、察布查尔县、塔城市、额敏县	56.77
	伊宁市、伊宁县、霍城县、巩留县、新源县、鄯善县、哈密市	57.22
	温宿县、沙雅县、新和县、拜城县、阿瓦提县、博乐市、精河县、托克逊县、轮台县、尉犁县、和硕县、博湖县、焉耆县	58.20
	奇台县、吉尔萨尔县	59.89
四类	和田市、和田县、墨玉县、洛浦县、温泉县、托里县、裕民县、柯坪县、乌什县、和静县、和布克赛尔县	67.03
	阿勒泰市、布尔津县、富蕴县、福海县、哈巴河县、吉木乃县、阿图什市、特克斯县、尼勒克县	68.74
	图木舒克市、英吉沙县、喀什市、疏勒县、泽普县、莎车县、麦盖提县、巴楚县、疏附县、岳普湖县、伽师县	71.34
	木垒县	68.72
五类	皮山县、策勒县、于田县、民丰县、若羌县、且末县	81.53
	阿合奇县、阿克陶、乌恰县、伊吾县、巴里坤县、昭苏县、青河县	84.13
	叶城县	85.41
六类	塔什库尔干县	108.87